Vivre avec les miens

Du même auteur
aux Éditions J'ai lu

JACQUES SALOMÉ

Vivre avec les miens

Chaque jour... la vie

J'AI LU

Bienêtre

« On peut tout dire de l'amour. Tout ce qu'on en dit est vrai, et le contraire aussi. »

JEAN D'ORMESSON

Le réenchantement du monde...

S'il fut un temps, une époque, où le monde était enchanté, je crois que ce n'est plus le cas aujourd'hui. Les lieux où nous pouvons encore éprouver ce sentiment se raréfient, se stérilisent progressivement et disparaissent sans laisser de traces...

Ne restent alors, pour nous enchanter, que la richesse, la beauté, l'étonnement émerveillé de quelques relations privilégiées, exceptionnelles, à cultiver avec soin, à protéger avec amour, à vivifier avec ferveur.

Nous sommes des êtres de relation. Au cœur même de nos attentes existe le besoin de communiquer, de partager, de nous lier à des personnes significatives, voire de nous confronter. Après avoir quitté le ventre de la femme qui nous a mis au monde, où nous avons vécu neuf mois dans le meilleur des cas, relié au placenta et à un environnement proche qui répondait à toutes nos demandes sans même que nous ayons à les exprimer, nous avons basculé dans l'immensité de l'univers et, ce faisant, rencontré la solitude.

Une solitude habitée, certes, par des proches présents, attentifs, par nos parents, par des frères et des sœurs, par des amis – mais aussi une solitude ouverte à la possibilité de l'abandon, à la cruauté de l'imprévisible, au risque de la perte...

J'ai tenté, au travers des textes qui composent cet ouvrage, de présenter le mouvement de la vie tel qu'il s'articule à la relation à l'autre – un autre unique parfois, un autre miroir souvent, un autre témoin quelquefois, plus rarement et plus délicatement un autre aimé, un autre égaré mais toujours présent en nous – pour rappeler que nos besoins relationnels les plus vitaux sont liés aux réponses de cet autre que nous sommes aussi, chacun... pour un autre.

En couple

Il n'est pas d'expérience de vie plus propre à susciter à la fois l'émerveillement et le désespoir que la vie de couple. Ce qui faisait dire en riant à ma grand-mère que « se marier une fois est souvent une erreur, se marier deux fois est un oubli volontaire – on a oublié que l'on a déjà fait une erreur –, se marier trois fois est toujours de la pure folie... » Mais la plupart d'entre nous ont envie de tenter l'expérience du couple et de la réussir...

Le fragile équilibre de l'amour

Ce que l'on reproche avec le plus de véhémence à l'autre, c'est ce que nous n'avons pas su recevoir de lui.

Il est des rencontres magiques

Il est des rencontres qui surgissent dans notre vie sans prévenir. Il est des rencontres qui ont un caractère magique par la qualité de ce qu'elles révèlent, en nous ou chez l'autre. Il est des rencontres qui nous appellent du plus profond de notre être, du plus lointain de notre histoire. Il est des rencontres qui éclaireront notre parcours de vie d'une lumière plus vive, plus féconde.

Il m'arrive ainsi de rencontrer des personnes, au sens de les découvrir, non à partir de ce qu'elles sont au moment de notre échange, mais dans une sorte d'évidence avec ce qu'elles ont été et ce qu'elles vont devenir. Rencontres qui, à première vue, peuvent sembler trop précoces et paraître se dérouler trop rapidement, mais qui se révéleront cependant essentielles, voire décisives, car elles inscrivent un sens nouveau dans mon existence ou celle de l'autre. Et cela, dans les deux directions opposées que sont l'avenir et le passé.

Pour les rencontres qui se rattachent à l'avenir, tout se passe comme si l'attirance, le contact, se faisait à partir d'une potentialité en devenir chez l'autre ou en moi-même, potentialité qui attendait justement cette rencontre pour se révéler et apparaître au grand soleil de l'existence. Il ne s'agit ni de voyance, ni de prémonition, seulement d'intuition, d'une sensibilité en éveil, aiguisée, d'une anticipation vibratoire qui crée des liens subtils, qui jette des passerelles sur lesquelles circuleront des énergies nouvelles, des forces de changement, des aspirations autres...

Ces rencontres étonnées, porteuses de possibles, sont pleines d'élans, de mouvements imprévisibles, riches d'un potentiel créatif inouï : « J'avais le sentiment que rien de ce qui me concernait n'avait échappé à cette personne que je voyais pour la première fois. Ses premières paroles me confirmèrent que je n'avais rien à lui cacher, qu'elle entendait sans que j'aie besoin de dire, qu'elle écoutait en voyant au plus profond de moi, qu'elle sentait l'essentiel en même temps que je l'éprouvais... »

Dans les rencontres liées au passé, il existe une indicible ferveur à se découvrir dans l'attention, l'écoute, la présence de l'autre. Ces retrouvailles sont si incroyablement confiantes et d'une spontanéité si ouverte qu'elles autorisent les partages les plus fous, les abandons les plus spectaculaires, les élans les plus audacieux...

Tout se passe comme si un savoir intime et très ancien reliait les deux personnes qui se rencontrent aujourd'hui, savoir qui lève toutes les inhibitions : « Dès que je l'ai vu, je me suis sentie autorisée à lui parler, à partager avec lui, ce que je n'avais jamais osé faire avec personne avant. J'avais envie de le prendre dans mes bras en étant persuadée qu'il me recevrait comme si nous nous connaissions depuis toujours... » Les deux personnes semblent se retrouver après plusieurs vies d'absence, et ces retrouvailles paraissent nécessaires. En réalité, c'est la première fois qu'elles se voient vraiment. Je ne crois pas que cette situation relève de vies antérieures. Plutôt d'un accord très ancien, touchant à la dimension archaïque et universelle de l'être, et participant d'un savoir immémorial. Deux vibrations émises il y a fort longtemps, après avoir longuement voyagé, semblent enfin arriver à destination, peuvent se rencontrer et s'unir – telles deux notes qui s'accordent, s'harmonisent pour produire un son unique, nouveau, chargé d'une énergie, d'une dynamique propre à transcender le moment présent, à l'unifier et à le relier à un tout.

Dans ce type de rencontre, de réconciliation spontanée avec le meilleur de soi et de l'autre, les tâtonnements, les apprivoisements, les hésitations n'ont pas lieu d'être. Il n'y a pas d'erreurs d'aiguillage. Une errance se termine donnant le sentiment que la rencontre est juste, nécessaire, inscrite dans une évidence émouvante et sereine à la fois.

Je souhaite à chacun de pouvoir accueillir l'une de ces rencontres si elle fait irruption dans sa vie, et de s'y abandonner de tout son cœur...

Au-delà de l'étonnement, de la surprise, il convient d'accepter de se faire suffisamment confiance pour se lancer dans un tourbillon imprévisible, car il vous accueillera avec tout l'amour que recèle la vie.

Cueillir la délicatesse
avec amour
et la maladresse
avec humour.

Coups de cœur et coup de foudre

Femme ou homme, il arrive que l'on *tombe en amour* à la suite d'un coup de foudre, c'est-à-dire de façon soudaine, tonitruante, éclatante, comme la foudre qui tomberait sur le cœur de l'un ou de l'autre, quelquefois (plus rarement) sur le cœur des deux. Le coup de foudre est à la fois souhaité et craint, car ceux qui l'ont vécu ou traversé, même s'ils en gardent parfois un souvenir extatique, ne s'en sont pas toujours remis !

Il est difficile de définir ce phénomène, car il n'existe pas de modèle du coup de foudre. Celui-ci semble vécu de façon particulière, unique par chaque protagoniste. À ma connaissance, il n'y a pas de définition précise du coup de foudre, mais la littérature nous en offre de nombreux témoignages. Et même si ma grand-mère disait que « dans le coup de foudre, il y a souvent plus de coups... que de foudre ! », cette expérience amoureuse semble faire rêver beaucoup d'hommes et de femmes et suscite de nombreux commentaires.

C'est un des mystères de l'amour : il lui arrive de déclencher une tempête d'émois, de sentiments, voire des comportements inattendus, tant chez l'homme que chez la femme, et cela dès la première rencontre, dès le premier regard. Une attirance forte, instantanée, doublée d'un sentiment profond de confiance, d'abandon, surgira chez l'un à l'égard de l'autre, donnant naissance à un *ressenti* intime, irrépressible, capable de tout envahir, de prendre le dessus sur l'ensemble des autres priorités.

Cela confirme que l'amour est de l'ordre à la fois de la révélation et de la création. Révélation dans le sens où cet amour naissant nous « tombe dessus » (je crois cependant que cela suppose une certaine ouverture, une disponibilité, voire une attente amoureuse), et création dans le sens où il doit ensuite être nourri, entretenu, vivifié par une relation dynamique, bienveillante et respectueuse. Au-delà du coup de foudre et de ses éblouissements, il y aura à construire quelque chose de plus durable. Cela s'appelle une relation d'amour, et peut-être de couple, mais c'est une autre aventure...

La version exceptionnelle, incomparable, magique, de ce que nous appelons coup de foudre, se révèle lorsqu'il y a réciprocité. Quand l'amour surgit au même moment chez l'un et l'autre des protagonistes, il envahit tout l'espace de leurs émotions. Il s'accompagne alors d'un besoin urgentissime de se rencontrer, de se toucher, de partager ce qui est vécu sur tous les plans avec un sentiment de totalité, d'absolu. Car le coup de foudre lève les défenses, supprime les inhibitions, emporte les raisonnements : nous osons des regards, des gestes et des intentions qui nous surprennent et nous transportent.

Même si le coup de foudre, quand il surgit, semble revêtir une apparence identique chez tous, je crois qu'il se développe sur des plans différents chez l'homme et chez la femme. Expliciter le pourquoi de ces différences m'entraînerait trop loin. Je dirai simplement que chez la femme, ce sont les sentiments, les émotions, le rêve, la projection dans un futur qui sont exacerbés, alors que chez l'homme c'est davantage le désir, l'envie de conquérir, de posséder, et surtout de maîtriser, de contrôler qui dominent, même quand il le cache ou le voile par des déclarations grandiloquentes ou époustouflantes de générosité !

Je pense que le coup de foudre, lorsqu'il est là, touche simultanément toutes les instances de la personnalité de celui qui en est atteint : psychologique, physiologique, neurologique. Il est quelque chose de global, qui ne fait pas dans la demi-mesure. Il donne à ceux qui l'éprouvent une énergie incroyable, et souvent un courage et une créativité inattendus. Nous pouvons faire trois cents kilomètres pour voir l'autre quelques minutes. Nous sommes capable de déplacer des montagnes pour aller à sa rencontre, nous savons soudain écrire et déclamer des poèmes sublimes alors que quelques jours auparavant nous étions incapable de rédiger deux lignes. Le coup de foudre nous permet de faire des choses exceptionnelles, inhabituelles voire impossibles en temps ordinaire, parce qu'il nous plonge dans l'effervescence et le bouillonnement de l'amour, nous emporte dans sa *vivance* et, ce faisant, génère en nous des ressources inattendues et souvent inouïes.

Le coup de foudre est toujours, au moins au début, composé d'un mélange détonnant d'imaginaire, de réalité et de projections. Il relève d'une hyper-idéalisation de l'autre (de soi aussi) auquel on prête des qualités hors de l'ordinaire, des ressources inépuisables ainsi que des réponses à toutes nos attentes. Il repose sur l'envie profonde de trouver le partenaire idéal, et aussi, vraisemblablement, sur la réactivation d'images, de sensations, d'affects positifs éprouvés vis-à-vis des personnages significatifs de l'enfance. Il réveille, remet à jour des aspirations anciennes et parfois très archaïques et stimule l'illusion de la toute-puissance infantile : « Personne ne l'aimera comme je l'aime, elle ne peut donc que m'aimer... »

Il y a cependant des risques au coup de foudre, qu'il ne convient ni de minimiser, ni d'exagérer. Ils sont les mêmes que ceux qui accompagnent la transformation de la rencontre amoureuse en relation d'amour, à la différence qu'ils sont démultipliés. Le risque le plus évident, au-delà de l'hyperexcitation, des émois, du bouleversement, de la remise en cause propre aux premiers moments, consiste à découvrir la réalité *humaine* de l'autre : nous réalisons que notre amour, nos désirs sont impuissants à transformer celui-ci dans le sens de nos propres désirs ! Le risque le plus fort consiste à nier ou à rejeter cette réalité, car en réagissant ainsi nous enfermons l'autre dans notre système de références. Dans ce cas, le terrorisme relationnel n'est pas loin : « Mais si tu m'aimais vraiment, tu aurais envie de me voir sans arrêt ! » ; « Tu ne ferais pas passer le tennis ou la voile avant moi ! » ; « Tu aurais envie de faire l'amour quand j'en ai envie... » ; « Tu devrais comprendre que je ne peux pas me passer de toi ». Mais paradoxalement, même ses défauts et ses manques nous feront aimer l'autre encore plus ; reproches et désidéalisation ne feront que nourrir le coup de foudre.

Je souhaite à chacun de connaître le coup de foudre au moins une fois dans sa vie, et d'éprouver l'intensité, l'effervescence, la joyeuseté, la créativité, l'incroyable dynamisme qui accompagnent ce mouvement vers l'autre, cette découverte – et surtout, quand le coup de foudre est partagé, de faire l'expérience de la co-naissance (naître avec) qui surgira et permettra parfois, parfois seulement, d'accéder au meilleur de l'autre à travers le meilleur de soi ainsi révélé et magnifié.

« Regard aimant que le sien,
tant il est vrai qu'il aimante le mien. »
BRIGITTE GRYSON

Quand l'amour est là...

« Je ne sais pas si je l'aime. Il m'a demandée en mariage, mais je ne suis pas sûre de mes sentiments » ; « Nous vivons ensemble depuis quinze ans, mais depuis quelque temps je me demande si je l'aime encore, j'ai l'impression que mes sentiments ne sont plus les mêmes ». Pour celui ou celle qui prétend s'interroger sur ce qu'il ressent réellement, il y a, me semble-t-il, un risque de déni lorsqu'il s'agit de reconnaître que ses sentiments ont changé, qu'ils ont diminué d'intensité, voire qu'ils ont disparu. Quand l'amour est là, plusieurs langages permettent de le dire, de le révéler.

L'amour est tout d'abord un don qui nous est octroyé, afin que nous l'offrions à notre tour. Il a besoin de s'investir dans un être, il n'est pas déposé en nous dans l'attente d'être pris ou offert. Il a d'emblée une direction précise, une cible, qui est l'autre : « Je le regardais me regardant et j'ai vu que c'était lui, que j'étais enfin arrivée » ou « Au milieu de tous ces gens, nous étions au moins une centaine de personnes, je n'ai vu qu'elle. J'ai ensuite passé plusieurs semaines à tenter de la retrouver, quémandant son adresse auprès de toutes mes connaissances. J'étais habité par elle, sa présence était en moi ».

En amour, toute une partie de nous est tournée vers l'autre. Elle semble même ne plus nous appartenir, et cette partie plus chaude, plus ouverte, réchauffe l'autre partie de nous qui éprouve encore plus son incomplétude.

Quand l'amour est là, il est un soleil formant le centre d'un système autour duquel, tels des satellites, tournent des sentiments complémentaires. La ronde de ces sentiments nourrit, vivifie ou inquiète celui qui les éprouve : « Je l'aime, mais est-ce que lui, il m'aime ? » ; « Elle me dit qu'elle m'aime aussi, mais je sens bien que pour elle ce n'est pas pareil… » ; « Je voudrais l'aimer davantage, le rendre plus heureux ».

L'amour, dès qu'il est présent chez l'un, vise à s'agrandir, à se consolider en prenant appui sur l'autre. Il veut peut-être se rassurer ainsi. L'amour cherche le plus souvent son reflet dans l'amour de l'autre, qu'il voudrait susciter, magnifier et parfois même absorber pour se fondre à lui et ne former qu'un seul sentiment.

Ainsi la présence de l'amour se manifeste-t-elle par une foultitude de signes qui sont autant d'encouragements à le vivre à plein temps. Ceux qui doutent d'aimer ne sont plus ou pas encore en amour, ils en sont seulement à la périphérie.

Entre doutes et espérances
s'enracine l'amour.

La bonne distance

Que ce soit dans une relation intime, fonctionnelle, ou plus formelle, il est important de trouver la bonne distance avec l'autre. Et cela sur plusieurs plans.

Il convient d'abord de trouver la bonne distance *physique* : se situer ni trop près ni trop loin. Comme l'illustre cette remarque : « Je n'aime pas du tout ces personnes qui éprouvent le besoin de s'avancer tout près de vous pour vous parler, et vous postillonnent au visage sans avoir conscience qu'elles font intrusion dans votre bulle d'intimité. »

La bonne distance *émotionnelle* est tout aussi essentielle : rester sur le même registre que l'autre pour entendre ce qu'il ressent sans pour autant s'identifier à lui : « Elle me dit qu'elle est en colère contre son père et tout se passe comme si moi aussi je devais être en colère contre lui... J'ai du mal à lui faire comprendre que je ne ressens pas les choses comme elle. »

La bonne distance *écologique* permet de ne pas se laisser polluer ou envahir par des signaux négatifs ou destructeurs venant d'autrui, au besoin en les lui restituant : « J'ai senti que son jugement de valeur ne m'était pas favorable, aussi je lui ai confirmé que c'était son point de vue et que je le lui laissais ! »

La bonne distance liée au *respect de soi* favorise la différenciation d'avec l'autre et nous évite de faire nôtres les injonctions, les croyances ou les désirs de l'autre quand ils ne correspondent pas à nos propres valeurs, croyances ou désirs : « Sitôt dans le lit, mon mari se colle à moi et je me sens souvent dépossédée de mon corps. J'ai le sentiment qu'il se l'approprie sans tenir compte de ce que je ressens à ce moment-là. Alors je me ferme et je m'anesthésie. » La femme qui parle ainsi n'a semble-t-il pas trouvé la bonne distance avec son partenaire. Certains couples parviendront à un équilibre en faisant chambre à part. Ce territoire plus personnalisé leur permettra de respecter des rythmes différents dans leurs besoins et leurs désirs.

Il est d'autant plus important de trouver la bonne distance relationnelle que nous sommes confronté à un questionnement intrusif ou à une tentative de contrôle de la part de l'autre sous prétexte qu'il s'intéresse à nos activités : « J'ai entendu le téléphone sonner tout à l'heure, qui est-ce qui t'appelait ? » ; « Tu m'as dit que tu sortais ce soir, où vas-tu ? ».

Il convient également de trouver la bonne distance vis-à-vis de ceux qui nous assimilent à des sortes de dépotoirs en nous faisant un tableau circonstancié de tout ce qui ne va pas dans leur vie : « Tu ne sais pas ce qui m'arrive ? J'ai découvert que ma femme a un nouvel amant... » Souvent, celui qui se plaint, qui accuse, qui reproche, ou qui se victimise, tente de nous associer à son état en nous faisant entrer dans la confrérie des insatisfaits à temps plein !

Trouver la bonne distance signifie non seulement se protéger de la pollution relationnelle, s'en prémunir, mais aussi se réserver pour des relations plus toniques, plus vivifiantes.

Quand je lui ai dit mon besoin de m'éloigner un peu afin de trouver la bonne distance, il m'a répondu : « Alors nous allons pouvoir nous rapprocher. » C'est ce jour-là que je l'ai quitté dans ma tête. Ensuite j'ai mis cinq ans à le faire...

La bonne distance au sein du couple

Un couple est un champ de forces où se confronteront des mouvements de rapprochement, des forces de cohésion, voire de fusion (comme dans la rencontre sexuelle ou dans le vécu partagé de situations difficiles), mais aussi des forces de mise à distance, voire d'éclatement et de rupture. La rupture survient lorsqu'une intimité commune s'avère impossible à atteindre, ou lorsqu'elle empiète trop sur le besoin d'une intimité personnelle, tenue en réserve. Trouver la bonne distance avec l'autre, c'est d'une part pouvoir partager le maximum d'expériences ensemble, d'autre part pouvoir préserver une liberté d'être qui sauvegarde les aspirations profondes de chacun.

Durant les premiers temps, quand la relation amoureuse se concrétise dans une vie de couple et se déroule sur un territoire commun, avec des engagements financiers mutuels, des projets d'avenir (semblables et différents), les risques de confusion et de heurts sont masqués par un *Nous* bienveillant et omniprésent : « Nous avons décidé de repeindre notre chambre, nous pensons avoir au moins trois enfants » ; « Nous nous sommes mis d'accord pour travailler tous les deux encore cinq ans » ; « Nous aimons la montagne et le ski et nous envisageons d'acheter un chalet d'altitude ». La distance est réduite *a minima*, par le *Nous* et le *On* : « On est partis en vacances aux Antilles, on s'est bien amusés, on a découvert plein de choses passionnantes. » Par la suite, le *besoin* d'une différenciation naît chez l'un ou chez l'autre, ainsi que le besoin de développer une relation plus centrée sur chacun des deux partenaires pris individuellement. Se développe alors l'envie de s'affirmer, de prendre position plus clairement face à l'autre, comme non pas plus éloigné mais plus distinct de lui.

La bonne distance n'est jamais trouvée une fois pour toutes. Elle varie avec les moments de la journée, les périodes de la vie du couple, et surtout l'évolution de chacun. Pour qu'il y ait échange, partage, dialogue, il faut un espace et des mots. Toute relation a en effet besoin d'un espace pour exister, et d'échanges mutuels propres à la vivifier. La meilleure des nourritures, dans une relation proche, est faite de dialogues. Dialogues verbaux (mots) et non verbaux (attentions, regards, gestes) qui s'adressent à la sensibilité, au profond de l'autre. Pour les recevoir et les intégrer (ou les refuser), il faut être à distance ou suffisamment différencié de l'autre.

Faire varier la distance et prendre le risque d'affronter des conflits est quelque chose de sain, de nécessaire à la vie d'un couple. Le conflit ne doit pas être nié ou étouffé, car il est créateur de dynamisme et oblige à faire appel à de nouvelles ressources chez l'un et l'autre des partenaires.

S'entendre ne suppose pas se mettre toujours d'accord, mais pouvoir s'écouter réciproquement et se situer par rapport à ce que l'autre ressent, prendre position en fonction des perceptions différentes de chacun.

Quand Proust parlait des « intermittences du cœur », peut-être voulait-il parler de ce mouvement qui nous fait rechercher, parfois la fusion, d'autres fois la distance.

Nourrir la relation, c'est avant tout la respecter

Je ne peux ignorer que si je nourris les relations importantes de ma vie de messages négatifs visant à blesser ou à mettre l'autre en difficulté, ou si j'accepte sans le filtrer tout ce qui me vient de l'autre, je risque de dévitaliser la relation, voire de détruire l'affection ou l'amour dont elle peut être porteuse.

Lorsque je parle de *respecter* une relation, cela veut dire que j'accepte de la considérer comme une artère vitale dans laquelle circuleront des messages porteurs non seulement de demandes et d'attentes, mais aussi de dons et quelquefois de refus. Cela veut dire aussi que je dispose de la liberté de témoigner de mes croyances, de mes émotions, de ce que je ressens, et que j'accepte qu'il puisse en être de même pour l'autre. Et encore, que je ne laisserai pas qui que ce soit me transformer en « poubelle » de ses problèmes, ni ne m'enfermerai dans un système de communication indirecte dans lequel je n'ai pas de raison d'être. Respecter une relation suppose que je sache éviter de réagir de manière réactionnelle, ce qui parfois me fait répondre (ou fuir) de façon inadéquate, voire m'entraîne à entrer en opposition et à contrer l'autre.

Me respecter dans une relation devrait m'amener à cultiver la discussion, et surtout « l'apposition » (dans laquelle je pose mon point de vue face à celui de l'autre), plutôt que l'opposition (dans laquelle j'oppose mon point de vue à celui de l'autre).

Se respecter mutuellement dans une relation, cela veut dire accepter la différence, reconnaître que l'autre et moi-même n'avons pas vécu les mêmes choses, même si nous étions tous les deux dans la même situation. C'est avoir conscience que nos zones de tolérance et d'intolérance, nos croyances et nos expériences de la vie, de l'amour, de la maladie, du changement et de l'éducation des enfants sont différentes. Et que la vitalité de notre relation est justement liée à notre capacité à mettre en commun nos différences au lieu de les nier ou de les combattre.

Se respecter dans une relation, c'est oser se définir, prendre position, c'est-à-dire s'affirmer devant l'autre (et non contre lui) en lui permettant d'entendre ce qui fait notre unicité autant que ce qui fait notre altérité.

À quels signes reconnaissons-nous que nous nous respectons dans une relation ? Au fait que nous nous sentons congruent, en accord avec nous-même. Alors, il n'y a pas de différence entre ce que nous sentons et disons, entre ce que nous éprouvons et faisons, et peuvent cohabiter deux confiances : la confiance que nous avons en nous-même, et celle que nous pouvons développer en l'autre.

Partir à la rencontre profonde de l'autre,
c'est découvrir, avec le temps, que nous avions
un rendez-vous important avec nous-même.

La « bien-traitance »

Il est fréquent d'entendre parler de maltraitance dans les relations humaines, entre proches, dans un contexte professionnel ou dans des genres de relations plus distantes. Il est alors question de violences verbale, morale ou physique, de messages de disqualification et de dévalorisation, ou de jugements de valeur, qui circulent entre deux êtres et sont révélateurs de la toxicité de leurs échanges… Il est plus rare que l'on fasse référence à la « bien-traitance » d'une relation, à tout ce qui serait bon, nourrissant, stimulant pour le bien-être de chacun des protagonistes lors d'une rencontre, d'un échange, d'un partage. La plupart d'entre nous avons du mal à repérer ce qui alimenterait positivement la relation, à mettre l'accent sur ce qui ferait du bien à chacun, autant qu'à le vivre au quotidien. Nous le faisons plus ou moins intuitivement sans le conscientiser clairement et avec cohérence.

La bien-traitance ne peut reposer uniquement sur de bons sentiments, sur l'amour, la simple intention de ne pas faire de peine, de ne pas heurter ou de ne pas blesser, le seul désir d'apporter du bon, du plaisir ou de l'apaisement. La bien-traitance d'une relation, au-delà de l'intentionnalité, implique des moyens concrets, des attitudes et des comportements suffisamment clairs visant à maintenir vivante, à valoriser et à stimuler la relation dans la durée.

Je ne me situe pas dans la bien-traitance vis-à-vis d'un de mes enfants en difficulté scolaire, si je l'étouffe par mon angoisse qu'il ne réussisse pas, si je le noie dans ma peur qu'il redouble, si je le paralyse par ma colère quand je constate qu'il ne fait pas d'efforts ou que je me sens coupable ou déçu... Si j'accumule injonctions, reproches, culpabilisations, accusations ou ressentiment vis-à-vis de ma bien-aimée quand je suis frustré par ses absences ou par ses refus d'accéder à mes désirs, je n'épouse pas non plus une démarche de bien-traitance, ni vis-à-vis d'elle, ni vis-à-vis de moi.

La bien-traitance d'une relation se joue à deux niveaux :

• Ce que je fais vis-à-vis de moi afin d'être un bon compagnon pour moi-même, et aussi lucide que possible quant à mon propre fonctionnement.

• Ce que je fais vis-à-vis de l'autre, pour lui exprimer mes demandes, lui faire des propositions, le stimuler, cela sans ambiguïté et afin d'alimenter, de protéger, d'accompagner ou de soutenir notre relation.

Je ne peux pas ignorer que si je nourris la relation avec ce que j'appelle le système SAPPE (Système Antirelationnel qui nous rend Sourd à l'autre, Aveugle pour l'essentiel, qui nous entraîne à des relations Pernicieuses voire Perverses, et qui est surtout Énergétivore), basé sur des injonctions, des disqualifications, des dévalorisations, du chantage, des menaces, des culpabilisations ou des rapports dominant/dominé, non seulement je ne suis pas dans la bien-traitance, mais j'entretiens la maltraitance de cette relation.

Si je veille à dédramatiser les situations difficiles et à stimuler, à valoriser, ainsi qu'à agrandir et à amplifier ce qui me vient de l'autre, je consolide la relation, je l'ancre dans plus de confiance et lui assure une plus grande durée de vie.

La tendresse et l'amour
sont les seules richesses
de ce monde qui croissent
lorsqu'elles sont partagées.

Le questionnement conjugal

« Où vas-tu ? » ; « Avec qui sors-tu ? » ; « Qui vient d'appeler ? c'est quelqu'un que je connais ? » ; « Tu ne m'as pas dit avec qui tu allais au cinéma ce soir... » Autant de questions, d'interrogations qui ressemblent beaucoup à des intrusions, voire à des tentatives de contrôle. À la longue, et dans de nombreux cas, elles infantilisent la relation qu'entretiennent deux adultes et pèsent beaucoup sur la dépendance mutuelle.

Il paraît normal à beaucoup de conjoints, hommes et femmes (et je sais que je vais soulever des cris d'horreur, en dénonçant ces comportements !), d'interroger leur partenaire, que ce soit directement ou indirectement, de lui demander des comptes sur son emploi du temps, sur ses fréquentations, sur ce qu'il *a fait en leur absence* ou sur ce qu'il *s'apprête à faire*. Je sais que de telles questions sont présentées comme des marques d'attention, des préoccupations normales : « Je me soucie de toi, ma chérie. » Elles sont considérées comme des signes d'intérêt remplis d'affection et d'amour : « C'est normal que je te demande où tu vas, d'abord pour ne pas m'inquiéter, ensuite pour être avec toi en pensée. Et pour savoir s'il t'arrivait quelque chose, on ne sait jamais... »

Au début de la vie de couple, les informations sont données facilement, partagées naturellement et cela ne fait question ni pour l'un ni pour l'autre. L'échange se fait dans la légèreté, l'insouciance et la joyeuseté. Il se présente comme une évidence. Il s'agit réellement de partager avec l'autre ce que l'on va faire sans lui, dans l'esprit de l'associer à l'activité, à la soirée, au moment où il ne sera pas présent. Durant cette phase, dite de fusion, plus fréquente qu'on ne l'imagine, il paraît normal, souhaitable de tout partager, de *tout se dire*... Et durant cette période où le *Nous* domine, il est rare que le questionnement soit vécu comme gênant ou intrusif.

Au stade suivant (*un Je plus un Je*), quand l'un des deux partenaires tente de mieux se définir, de prendre position, de se différencier de l'autre, quelques réticences plus ou moins voilées commencent à se faire sentir : « Ce soir, je sors avec ma copine. Comme elle ne t'a pas invité, j'y vais seule ! » À cette phase domine encore le besoin d'expliquer, de se justifier pour ne pas blesser l'autre, pour le rassurer et lui éviter de fantasmer sur nos intentions réelles, celles qui seraient *derrière* les intentions avouées. La nécessité de trouver la bonne distance, de sortir de l'amalgame des prétendus centres d'intérêt communs caractérise cette phase. Le couple est appelé à la traverser quand l'un ou/et l'autre découvre que vivre en couple invite à faire l'expérience d'une double intimité : intimité commune et partagée et intimité personnelle et réservée : « Il y a des choses que je fais avec toi mon chéri et des choses que je fais sans toi... Et faire sans toi ne veut pas dire contre toi ! »

Avec la maturation relationnelle, survient le troisième stade. Nous découvrons alors que nous sommes toujours trois dans un échange : l'autre, nous-même et la relation. Surgit alors une interrogation personnelle importante : « Oui, j'ai des activités personnelles, des temps de vie à moi que j'ai besoin de respecter, à propos desquels je n'ai pas de comptes à rendre. » La question évolue : « Est-ce que ce qui est bon pour moi est encore bon pour ma relation de couple ? »

Ma position est qu'il est sain de résister au questionnement de l'autre, de ne pas donner prise à ses angoisses, à ses peurs ou à ses tentatives pour garder le contrôle de la relation. Et pour cela, il importe d'oser se définir comme un adulte responsable de ses actes, un adulte suffisamment lucide et intègre qui n'a pas besoin de rendre des comptes, et suffisamment congruent avec lui-même et avec l'autre pour ne pas poser de questions. C'est le b-a ba d'une relation respectueuse que de ne pas interroger son proche sur ce qu'il vit en dehors de soi ; de le considérer comme suffisamment adulte pour lui accorder la liberté de partager ce qu'il estime appartenir à la relation, et garder pour lui ce qu'il juge appartenir à l'intimité de ses autres relations.

Le chemin sera parfois long pour reconnaître que l'un des membres du couple a pris depuis longtemps le contrôle de la relation, pour réaliser que c'est lui qui fixe, de façon implicite (et parfois de façon explicite, voire tyrannique), ce qui se fait et ne se fait pas, comment on le fait et comment on ne le fait pas, qui propose et qui impose finalement son choix… Quand un tel mode relationnel existe depuis des années, il devient difficile et délicat de le changer. Mais cela est possible d'autant que l'enjeu profond, la viabilité d'un couple, mérite que l'on s'y attarde.

« J'ai renoncé à beaucoup de non-dits
quand j'ai découvert la liberté
de ne pas tout dire... »
MA GRAND-MÈRE

Du couple fusionnel au couple fissionnel

Le couple fusionnel « tout ensemble, toujours ensemble », s'incarnant dans un *Nous* qui englobe les deux individualités, était l'une des formes les plus fréquentes du couple d'autrefois. Cette fusion était souvent aussi l'une des causes principales de l'échec de nombreux couples : l'un des partenaires étouffait sous l'emprise de l'autre ou était entièrement phagocyté par le *Nous* dans lequel, au bout de quelques années, il avait du mal à se reconnaître !

Une autre forme de vie de couple semble se développer aujourd'hui. Il s'agit du couple dit *fissionnel,* plus éclaté, qui est à la fois plus libre mais aussi plus contradictoire, car chacun des partenaires doit apprendre à y vivre, à la fois sans l'autre et avec l'autre. Cette vie de couple est fondée sur le respect de soi et de l'autre, sur l'autonomie, ainsi que sur une bonne distanciation mutuelle qui n'exclut pas la solidarité, le soutien mutuel et l'entraide en cas de moments difficiles. Les partenaires de ces nouveaux couples ne font plus dépendre l'entièreté de leur bonheur de l'autre. Ils choisissent plutôt de bâtir quelque chose de plus stimulant autour du partage des points qu'ils ont en commun (semblances) et de leurs différences (liées à l'altérité).

Les membres du couple ont aussi à se montrer plus créatifs, plus dynamiques dans les propositions qu'ils se font. Dans ce cadre, le besoin d'être seul, qui est aussi reconnu et valorisé, ne correspond pas à un refus de la vie commune. Il vise au contraire à renforcer les moments de vie commune, plus denses : « Quand je suis avec lui, je suis réellement présente, disponible, ouverte à ce que nous avons à vivre ensemble ! Quand je suis ailleurs, je ne suis pas madame Untel, mais entièrement moi-même, ouverte, disponible, pleinement engagée dans ce que je fais avec ceux qui m'entourent. »

« Il y aura un jour des appartements bisexués, composés de trois modules : un territoire féminin, un territoire masculin et un territoire commun », me confiait un ami architecte. Ces personnes font souvent preuve, l'une envers l'autre, d'une liberté respectueuse, fondée sur une confiance mutuelle limitée par des balises claires : ne pas intervenir sur le vécu du partenaire en dehors des rencontres ; ne pas exercer de pression pour tenter de faire entrer l'autre dans son projet de vie ou son propre désir. Pour cela, ces couples font appel à la fiabilité de leur engagement.

Le sentiment amoureux n'en est pas moins présent, même s'il semble moins possessif. Il est davantage tourné vers le respect des possibles de l'autre.

Les couples fissionnels semblent avoir un meilleur équilibre en ce qui concerne les forces de cohésion et les forces d'éclatement qui sont toujours à l'œuvre dans un couple. C'est cet équilibre qui leur donne une dynamique stimulante et vivifiante, susceptible de les faire durer longtemps.

En amour, il est essentiel de se rappeler que la liberté de l'un ne s'arrête pas ou ne commence pas là où finit celle de l'autre, car nous sommes bien plus grands que l'amour que nous portons.

Quel désir se cache derrière la peur d'avoir un enfant ?

S'il existe quelques femmes qui ne souhaitent pas avoir d'enfants, beaucoup d'hommes hésitent à s'engager sur le chemin de la procréation et, au-delà, à assumer une paternité au long cours !

Le plus souvent, c'est la partenaire féminine qui exprime à un moment ou un autre le désir d'avoir un enfant, ainsi que son souhait d'un père présent et actif pour cet enfant : « Nous sommes ensemble depuis cinq ans, nous nous entendons bien, j'ai tenté plusieurs fois d'aborder la question, mais je sens qu'il se dérobe. Il change de sujet, me dit que ce n'est pas le moment de parler de ça, que c'est trop important pour qu'on prenne une décision à la légère. »

Cette demande, cette attente des femmes réveille des peurs, suscite des résistances, provoque des fuites chez certains hommes qui cherchent des échappatoires. Si bien qu'ils ne sont pas bien perçus par leurs compagnes. Quant aux femmes, elles ont du mal à entendre qu'au-delà des arguments utilisés, des alibis présentés (études, travail, indisponibilité, désir de profiter de sa jeunesse), existent des peurs : la peur de ne pas être à la hauteur, celle de s'engager davantage, de perdre sa liberté, d'être contraint dans ses choix de vie, d'être mis de côté ou d'avoir un rival qui prendrait trop de place dans le cœur et le corps de la partenaire devenue génitrice et mère :

« Quand elle m'a dit qu'elle arrêtait la pilule et que je prenais le risque d'être père si nous faisions l'amour sans précaution, surtout dans les périodes où elle était fécondable, j'ai paniqué. Pendant deux mois, je n'ai pu faire l'amour. » Un autre dira : « Au début, je me suis fermé, j'ai pris ça pour du chantage, je ne voulais pas qu'elle m'oblige, mais je sentais bien que c'était à moi de me décider sur l'avenir de notre relation. »

Le désir ardent, vivace chez l'un, le non-désir plus fermé, opaque chez l'autre, d'avoir un enfant débouchera sur des affrontements, avivera des malentendus et réveillera de vieilles blessures. Les enjeux de la procréation renvoient loin dans l'histoire personnelle, autant que dans l'identité sexuelle pas toujours clairement établie chez les deux partenaires : « Quand je lui ai dit que, de toute façon, je ferais un enfant, que je ne pouvais plus attendre, il m'a avoué avoir été pédophile pendant plusieurs années et que cela lui paraissait impensable (« impansable ») d'être père. Nous nous sommes quittés. Quelque temps après j'ai appris qu'il vivait avec un homme plus jeune que lui. »

Pour certaines femmes, avoir, faire un enfant, peut être lié à un besoin de voir confirmé qu'elles sont bien des « femmes », ou être perçu comme une preuve d'amour du partenaire : « S'il me fait l'enfant que je lui demande, c'est la preuve qu'il tient à moi, qu'il m'aime. »

Le désir d'enfant chez l'un et le refus chez l'autre peuvent déboucher sur un conflit de pouvoir très sérieux. Le plus souvent, ce conflit évite à l'homme de commencer un travail de conscientisation sur la nature des engagements réels qu'il aurait à prendre s'il devenait père !

« Il n'existe pas de couple au départ,
il en existe parfois à l'arrivée. »
Robert Dreyfuss

Aimer, un don de soi

Certains se demandent aujourd'hui comment le sentiment amoureux, ou l'amour, peut encore apparaître dans leur vie – germer en eux à partir d'un (ou d'une) autre. Comment ce phénomène bouleversant, dont l'emprise peut changer toute une vie, peut-il surgir et les emporter ? À la plupart d'entre nous, il paraît (à tort) plus facile d'être aimant, c'est-à-dire d'offrir de l'amour, que d'être aimé.

Les tentations du hasard, le recours à la chance ou à la bonne fortune sont toujours possibles... La croyance que l'amour va émerger d'une faille soudaine dans la logique aveugle de l'univers pour bondir vers nous existe toujours ! De même, pouvons-nous attendre d'entrevoir une lumière qui nous appelle doucement de l'intérieur dans les yeux d'une personne qui nous est chère.

L'illusion que l'amour surgira d'un mouvement secret du corps à nous seul destiné, ou qu'il naîtra de l'attente si longue dans laquelle nous ne nous savions pas enfermé et qui d'un seul coup se dénoue, nous libère et nous projette, effaré ou émerveillé, vers cet autre si longtemps espéré, peut toujours se réaliser.

L'amour, quand il est là, fait avec nous comme avec tous les autres : il nous donne envie de parler, de rire, d'être heureux sans raison. Il réveille nos rêves, nous pousse à nous émerveiller d'un rien, d'un tout. La seule présence de l'aimé(e) nous agrandit. Tel un caillou que l'on jette dans l'eau faussement tranquille d'un lac et qui laisse autour de lui des milliers de ronds frémissants qui vont s'apaisant, l'amour résonne en nous, nous mobilise, nous inquiète et nous sécurise à la fois. Aux vents des quatre saisons, l'amour fait tourner en son nom tous les moulins de notre cœur. Car ce qui se vit par amour se vit toujours par-delà le bien et le mal.

L'amour, en ce sens, reste un mystère. Il est, me semble-t-il, de l'ordre de la révélation, même si par la suite, il relève de la création permanente. Ceux qu'il habite devront ainsi l'alimenter, le renouveler et le stimuler pour que le mouvement, l'énergie qui les pousse vers l'autre reste vivant, dynamique, créatif. L'amour se révèle à celui qui l'accueille, et le surprend sans prévenir.

Je crois qu'il ne nous est possible d'aimer que lorsque nous avons accepté de nous aimer, lorsque nous sommes dans la plénitude de nous-même et non dans le manque et la demande – quand il nous est possible d'être dans le don, l'offre, le partage. Il nous est possible d'aimer quand nous sommes prêt à recevoir l'autre tel qu'il est. L'amour comporte une part d'inconditionnalité qui nous fait accepter l'imprévisible et l'inattendu, l'inconnu et le risque, l'émerveillement et le doute. Il nous est possible d'aimer quand nous abandonnons nos défenses, quand nous renonçons à la méfiance, quand nous ne nous enfermons pas dans la possessivité.

Aimer se situe bien dans l'ordre du lâcher prise, car il suppose que nous nous laissions habiter, envahir par un sentiment sur lequel nous n'avons aucun contrôle, aucune maîtrise. C'est pour cela que chez certains, l'amour s'accompagne d'angoisses. Celles-ci ne concernent pas la fiabilité de l'autre mais la perte de contrôle, l'acceptation de l'abandon et ce questionnement voué à rester sans réponse : jusqu'où cela me mènera-t-il ?

Dans le même temps, celui qui est aimé peut être réveillé, dynamisé par la découverte et le développement, en lui, d'une créativité insoupçonnée et de possibilités nouvelles. Ce faisant, il peut abandonner des conduites autodestructrices (telles que la prise de drogue, les activités à risque, les tentatives de suicide et même des somatisations à répétition).

Il ne nous est possible d'aimer, c'est-à-dire d'être dans le don d'amour, dans l'amour oblatif centré sur l'autre, que si nous acceptons d'abord de nous aimer et de manifester à notre propre égard de la bienveillance, du respect, une compassion chaleureuse.

L'amour est susceptible de créer une bulle d'intimité et peut-être de protection au milieu de la violence la plus violente. Il est un des antidotes non pas les plus efficaces, mais certainement les plus durables à la violence.

Ce que l'on appelle habituellement amour est en fait constitué par la rencontre de deux vibrations, l'une qui circule chez l'un et va vers l'autre et une autre qui navigue chez le second pour aller vers le premier. L'amour est un phénomène magnifique, l'avez-vous remarqué ? La seule chose qui grandisse au fur et à mesure que nous le dépensons.

Amour et sexualité

Le désir est aujourd'hui en perdition, il faut jouir. Tout de suite, très vite sans attendre l'apparition du désir de l'autre. Nous sommes devenus des consommateurs de plaisir…

Sain d'esprit et de corps

Lors d'une rencontre amoureuse, avant qu'elle ne devienne une relation, il est peu vraisemblable que l'un ou l'autre des protagonistes se pose la question de savoir si son partenaire est sain d'esprit et de corps. Chacun peut cependant avoir le sentiment intime de jouir d'une bonne santé mentale et physique, et découvrir que sa nouvelle rencontre l'expose, l'inhibe, fragilise ses défenses ou exacerbe certains aspects de sa personnalité, en d'autres termes, le déstabilise, le trouble, voire le plonge dans des interrogations multiples propres à susciter son inconfort spirituel et corporel.

Une rencontre amoureuse peut s'accompagner d'une certaine folie, d'un peu d'excès, voire de paradoxes et de mystères dans les conduites et les comportements. Tout cela s'ajoute aux désirs, stimule les découvertes et permet quelquefois d'oser plus... Mais les débuts d'une attirance, d'une passion, s'ils sont porteurs de beaucoup d'émois et de tempêtes intérieures, s'ils irriguent les échanges, provoquent aussi des changements et invitent ainsi à des dépassements et à des remises en cause importantes.

Ce qu'il faut savoir, c'est que la période qui précède un engagement amoureux, de même que celle qui le suit, est fertile en interrogations qui peuvent déstabiliser un équilibre déjà acquis.

Tout d'abord, sur le plan de l'imaginaire et des croyances, nous n'arrivons pas « vierges ». Nous avons des points de vue sur les dimensions affectives, émotionnelles et relationnelles de la relation amoureuse, sur ce que nous croyons que devrait être une rencontre de cette nature.

Nous avons une histoire, des engagements plus ou moins profonds, nous sommes fidèles à des personnes significatives de notre vie passée, et nous entretenons toute une constellation de croyances sur l'amour, sur les femmes et sur les hommes.

Nous sommes porteurs de tout un arrière-plan d'expériences et avons parfois reçu des injonctions dissuasives, des invitations à la méfiance : « Garde-toi des hommes, ils sont doués pour les doubles vies ! » ou « Fais attention, les femmes trop faciles ne sont jamais fidèles... » Celles-ci nous limitent, nous freinent ou, au contraire, nous stimulent et nous poussent à vérifier leur bien-fondé, voire à les transgresser.

Toute rencontre amoureuse est une tentative de rapprochement (ou une collision !) entre deux univers, deux histoires de vie, parfois même entre deux systèmes culturels, voire, il faut bien le dire, entre deux pathologies. Elle est une rencontre entre deux mythologies personnelles. J'appelle « mythologie » l'ensemble des croyances fondées sur un sentiment de certitude irrationnel : la rencontre amoureuse s'apparenterait à un accord spontané s'accompagnant de la disparition quasi surnaturelle des difficultés relationnelles et mû par l'espoir d'une harmonie complète. Selon cette mythologie, la rencontre amoureuse devrait aussi conduire à la réconciliation avec soi-même.

Au début, chacun se voit le plus souvent comme une partie d'un *Nous*, quelquefois trop fusionnel. Ce *Nous* fusionnel s'accompagne de la disparition provisoire des différences, d'un nivellement des aspérités, d'une négation des points de tension. La gêne et les zones d'ombre et de conflit se trouvent ainsi minimisées sans que l'amoureux saisisse ou réalise que le propre des sentiments qui l'animent, quand ils sont partagés, est de faire resurgir des aspects de soi en souffrance, voire en difficulté, de réactiver des situations du passé qui n'ont pas été réglées.

L'intimité, la confiance, l'abandon qui caractérisent l'éveil à l'amour, nous ouvrent, nous libèrent effectivement, mais font remonter à la surface une partie de notre histoire intime, qui va se heurter à l'histoire de l'autre si elle n'est pas accueillie avec suffisamment de tendresse et d'ouverture pour faire l'objet d'un partage, d'une écoute bienveillante qui s'avérera bénéfique.

Ainsi, de malentendus en ajustements, de doutes en confirmations, de témoignages en partages, se crée un espace fragile de rencontre entre deux êtres qui s'aiment et désirent poser les fondations d'une relation qui pourra s'inscrire dans la durée.

Il ne suffit pas de s'aimer pour rester ensemble sur le long terme, encore faut-il se donner les moyens de construire une relation qui aide à apaiser et à cicatriser les blessures de l'enfance.

« Que faites-vous face à des sollicitations sexuelles ? »

Être l'objet d'une attirance, d'un désir peut être agréable ou pénible suivant la situation et la personne qui les exprime ! S'il s'agit de quelqu'un de proche, d'un ami ou d'une connaissance qui jusque-là ne vous manifestait qu'un intérêt ou une attention polie et qui soudain se déclare, cela peut vous déstabiliser, voire vous interroger.

Quels signes, quels changements de votre part l'autorisent à se déclarer ? Qu'avez-vous fait de particulier ? Peut-être croit-il (elle) que votre veuvage vous rend disponible ? Les divorcés, les veuves et les veufs récents peuvent ainsi déclencher des émois nouveaux, des attentes imprévisibles et des fantasmes inattendus dans l'imaginaire des hommes et des femmes de leur entourage.

Quand ces déclarations d'intention, très claires et ciblées, vous sont adressées, vous n'éprouvez pas nécessairement le même désir que celui qui les exprime. Celui-ci, par sa déclaration, peut évidemment éveiller votre intérêt, stimuler votre ouverture, mais il peut aussi vous mettre mal à l'aise, faire intrusion dans votre intimité.

Ma position est que devant une telle situation, il importe de se définir clairement. Il est tout à fait possible de dire, par exemple : « Je suis touché, j'ai entendu votre désir. Mais je ne le partage pas » ou « Je ne suis pas dans la même énergie que vous ». Et si l'on veut s'assurer de ne laisser aucun espoir ou espace au harcèlement, il est toujours possible de déclarer : « Je me sens engagé ailleurs… »

Quand il ne s'agit pas de la drague banale d'un individu esseulé tentant l'aventure, l'expression d'une attirance, d'un désir, peut être émouvante. Elle dénote à tout le moins une grande confiance chez celui qui parle en celui à qui il s'adresse. C'est en quelque sorte un cadeau qu'il lui fait. Mais c'est un cadeau que personne n'est obligé de prendre et auquel nul n'est tenu de répondre !

Pour conclure, je dirai qu'il est possible d'entendre un désir sans le confondre avec sa réalisation ! Nous sommes toujours libre de donner suite ou non à une sollicitation, à une attirance amoureuse, à un désir sexuel. Si nous ne préservons pas cette liberté, nous risquons d'entrer dans le désir de l'autre et de ne pas nous respecter.

La flèche et la cible ont un accord secret.
Faut-il encore que la cible veuille accueillir la flèche et que celle-ci vise la cible.

« Il me dit qu'il m'aime... chaque fois qu'il me désire ! »

Il n'existe pas de modèle de réussite conjugale, ni de recette pour permettre à une relation amoureuse de durer ; au mieux, de l'espoir et des attentes de la part de chacun des protagonistes. Le respect de quelques balises permet pourtant d'éviter de nombreux malentendus, de s'épargner de souffrir et peut-être de mieux s'entendre et se recevoir.

Il ne suffit pas de dire à l'autre que nous l'aimons pour qu'il se sente aimé. L'amour est un don, une offrande. S'il se manifeste par des demandes, voire des exigences, il sera disqualifié par celui-là même à qui il s'adresse.

Les malentendus profonds dans les relations entre hommes et femmes sont liés à la nature des messages qu'ils ont reçus durant leur enfance, et qui composent ce que j'appelle le « biberon relationnel ». Ce biberon est constitué de l'ensemble des messages que nous ont adressés nos parents, surtout notre mère, et varie en qualité. Vis-à-vis des filles, les messages sont à dominante affective : « J'aime (Je n'aime pas) ce que tu fais. » À l'endroit des garçons, ils sont plutôt de l'ordre du désir : « Je désire que tu t'habilles autrement » ; « Je souhaiterais que tu répondes poliment » ; « Ça me ferait plaisir que tu travailles mieux en classe ». Ainsi, la petite fille, élevée dans l'ordre des sentiments, se définira-t-elle plus tard à partir de *Je t'aime*. Le garçon, élevé dans l'ordre des désirs, aura plutôt tendance à se définir à partir de ses désirs qu'il tentera parfois même d'imposer !

Cette différence est manifeste dans l'intimité des relations amoureuses. Elle dit : « Je t'aime », il répond : « Je te désire, je te veux ». D'où les frustrations et les doutes chez l'un et l'autre. La femme a l'impression d'être aimée non pour elle-même, mais pour ce que l'autre désire d'elle. Et l'homme, qu'il est tenu de payer de ses sentiments le plaisir attendu, qu'il « doit » aimer, qu'aimer est un dû, une obligation pour pouvoir aller plus loin dans l'intimité de l'autre !

J'invite les couples à échanger sur ce malentendu et à parler de ces non-dits qui donnent souvent lieu à des ressentiments et à des accusations diverses, et non seulement polluent la rencontre et ses possibles, mais laissent des traces durables de dévalorisation, de doute et de manque de confiance en chacun.

Quand la violence du désir de l'autre nous égare et nous éloigne du plaisir.

« Ma femme me dit que je ne m'intéresse qu'au sexe ! »

Celui qui témoigne et s'interroge ainsi se sent peut-être coupable à force de s'entendre dire : « Tu ne penses qu'à ça, il n'y a que le sexe qui t'intéresse. » Cette étiquette l'enferme. Il est victime de ce que j'appelle le système SAPPE (Système Antirelationnel qui rend Sourd et Aveugle, entraîne à des relations Pernicieuses voire Perverses, et est très Énergétivore), dont le piège essentiel consiste à parler de l'autre plutôt que de soi.

Les propos cités introduisent mal l'échange et risquent de consolider le malentendu entre les conjoints. L'épouse pourrait plutôt parler d'elle, exprimer ce qu'elle ressent et énoncer plus directement ses propres attentes : « J'ai le sentiment que tu attends beaucoup de la fréquence de nos rapports sexuels. Mais je n'ai pas les mêmes besoins et désirs que toi… Nos rythmes sont différents. » Si elle ne se sentait pas trop menacée par le désir de son conjoint, elle pourrait ajouter : « Je ne désire pas faire l'amour pour l'instant mais nous pouvons nous faire plein de câlins, partager de la tendresse, des jeux sexuels… »

Il se trouve que beaucoup d'hommes attachent une grande importance à la relation sexuelle et cela à de multiples fins :

• faire la preuve de leur virilité ;

• diminuer leur angoisse ;

• s'assurer que leur partenaire les désire encore et encore ;

• vivre l'intimité conjugale qui est une invitation permanente au désir de faire l'amour quand on le peut, surtout lorsque les enfants ne sont pas là : « Je suis ton mari, tu es ma femme, alors où est l'obstacle ? » ; « J'ai envie de toi. Tu me dis que tu m'aimes, je ne comprends pas ton refus. Tu devrais avoir du plaisir à me faire plaisir... ».

L'obstacle principal réside dans le manque de communication à propos des enjeux réels : les attentes de l'un et les refus de l'autre, ainsi que dans la différence des attentes de chacun par rapport à l'autre.

Le désir de l'homme est souvent exacerbé par le refus. Les hommes ne comprennent pas qu'une femme qui prétend les aimer totalement n'ait pas un désir toujours prêt à s'actualiser, ou bien ils imaginent qu'ils sont rejetés à cause de ce qu'ils sont. Ils deviennent alors agressifs, boudent, ou recourent à la culpabilisation : « Si tu m'aimais vraiment, tu aurais envie de faire l'amour ! » Ils oublient trop souvent que la rencontre sexuelle est un aboutissement, qu'elle repose sur un partage relationnel, fait d'apprivoisements, de confiance, de complicité, d'échanges, d'abandon.

Certains paraissent animés par une pulsion qui les fait passer à l'acte sans rechercher l'accord de l'autre, son adhésion, ni même la confirmation de leur désir. Or, le désir ne se commande pas. Il peut être présent, mais parfois aussi endormi, inhibé, quelquefois même absent. Quand il existe et que l'attention mutuelle est suffisante, la rencontre peut être belle, comblante et satisfaisante pour les deux partenaires.

Quand le désir de l'un est seulement au repos ou endormi, il est possible de l'éveiller. Et il arrive que le partenaire qui était réticent soit tout étonné du plaisir qu'il trouve dans cet éveil.

Lorsque la personne est inhibée, le contact est plus difficile. L'absence de désir devient l'enjeu de nombreux contentieux qui restent en suspens dans la relation conjugale (relation tierce, manque de fiabilité du partenaire, violence verbale ou physique, disqualification ou dévalorisation devant des tiers, frustrations par rapport à des promesses non tenues, etc.).

Un désir inhibé demande que soient clarifiés les conflits latents, et levés les malentendus d'une communication déficiente pour permettre l'abandon dans la rencontre.

Le désir qui s'absente et disparaît doit être respecté. Nous n'avons pas de pouvoir dessus. Il relève d'un enjeu qui dépasse la sexualité. Chacun devra réinventer une intimité en recourant à d'autres langages, pour retrouver, s'il le peut, une vie sexuelle et sensuelle riche de possibles. L'un ou l'autre pourra aussi entreprendre une thérapie afin de se mettre à l'écoute des enjeux réels qui sous-tendent l'absence de désir sexuel.

L'espérance éperdue qu'éveille l'amour nous fait souvent croire, à tort, en la toute-puissance du sentiment que nous éprouvons pour l'autre.

« Mon épouse ne veut plus faire l'amour avec moi, pourtant elle prétend m'aimer ! »

Ce constat est important, car il traduit beaucoup de souffrance et d'incompréhension mutuelle chez les deux partenaires.

Le désir reste un mystère. J'aime cette personne et j'éprouve du désir. Les choses allaient bien sur le plan sexuel. Que s'est-il passé pour que quelques années plus tard, l'un constate que le désir s'étiole, s'absente durant de longues périodes, voire disparaît pour ne plus revenir ?

Il faut savoir qu'après une maternité, surtout si la mère allaite son enfant, certaines femmes connaissent une baisse de leur désir sexuel. Elles se sentent sensuellement comblées par leur enfant et aspirent à davantage de tendresse plutôt qu'à des rencontres sexuelles avec leur partenaire. Le plus souvent, le désir revient quelques semaines ou quelques mois plus tard.

Il arrive aussi que le désir disparaisse après quelques années de vie de couple, et ne revienne pas. L'exigence sexuelle est toujours vivante chez l'un, mais elle a fait place à la demande sensuelle chez l'autre : « Je suis bien avec toi, mais te caresser, te sentir me suffit. Je n'ai pas envie de faire l'amour », et le premier de répondre : « Mais moi, j'ai justement envie d'aller plus loin... », ou « Je ne comprends pas, elle dit m'aimer, mais elle n'éprouve plus de désir pour moi ! Moi, je l'aime. J'ai envie de faire l'amour. »

L'attitude de la femme surprend, étonne, blesse le mari ou le partenaire qui, lui, peut éprouver une attirance sexuelle vivace au quotidien, voire plusieurs fois par jour — pourquoi pas ! Or sa partenaire n'a pas le même appétit. Sur cette base se nouent parfois les termes d'un conflit infernal. L'un insiste, veut convaincre, essaie de réveiller le désir de l'autre qu'il croit seulement endormi. L'autre résiste car il ne se sent pas respecté, et peut se bloquer jusqu'à fuir tous les contacts !

D'autres fois, c'est l'homme qui se ferme, se retire, imaginant à tort que puisque sa femme prétend l'aimer elle devrait le désirer ! Certains préfèrent renoncer plutôt que d'avoir à « quémander » : « J'ai l'impression d'être un mendiant de l'amour. Je ne m'aime pas lorsque j'attends un geste, un signe, une invitation de sa part qui ne vient pas... Je reste longtemps éveillé dans le noir, avec l'espoir qu'elle se tourne vers moi. »

Certains ont oublié, ou ne savent pas, que désirs et sentiments se développent sur deux plans différents. On peut aimer et ne pas éprouver de désir, on peut aussi parfois désirer sans aimer.

La perte du désir peut aussi être le symptôme, le reflet de malentendus, de maladresses relationnelles ou d'un conflit larvé et sérieux entre les deux partenaires. Ainsi, cet homme qui a beaucoup insisté pour que sa femme vienne à Paris avec lui. Elle a donc quitté sa région, ses amis. Mais ce faisant, elle s'est sentie coupée de ses racines, dans l'insécurité, et qui plus est, peu comprise par son mari qui s'investissait beaucoup au dehors pour apprivoiser leur nouvelle vie. Progressivement, elle s'est fermée et a refusé de le laisser entrer dans son intimité, une intimité qui avait déjà été violentée par le déménagement...

La perte du désir peut aussi être liée à l'accumulation de ressentiment contre l'autre ou contre soi-même : « Je ne m'accepte plus dans ce que je suis devenue ! Ce n'est pas tant toi que je refuse, que la femme que je suis aujourd'hui ! »

Quand le comportement ou les attitudes de l'homme ont blessé ou plongé sa partenaire dans l'insécurité, quand celle-ci s'en veut d'avoir donné suite à cette relation, voire a le sentiment de s'être laissée entraîner dans le mariage alors qu'elle n'était pas tout à fait d'accord, ni encore prête, les déceptions remontent bientôt à la surface...

Le drame, c'est qu'il est impossible de contrôler son désir : « La ''bandaison'' papa, ça ne se commande pas ! » nous avertissait Georges Brassens voilà déjà bien des années. Je suis sûr qu'il ne pensait pas qu'aux hommes !

L'amour n'est pas une assurance-vie,
il est une aventure porteuse de tous les risques.

« Pourquoi certaines personnes n'aiment-elles pas faire l'amour ? »

On pourrait inverser la question : d'où vient que certaines personnes aiment tellement faire l'amour ? Dans les deux cas, c'est un sujet délicat à aborder, car il est chargé de beaucoup de malentendus, de souffrances et de non-dits, il est porteur d'interdits, d'autoprivation, voire d'exigences cachées éprouvées envers un partenaire qui demeure idéalisé ou inaccessible.

La rencontre sexuelle est le moment où tentent de s'exprimer les divers langages de la communication humaine. La sexualité acceptée ou refusée peut ainsi devenir l'enjeu de divers conflits, auxquels elle peut aussi servir d'alibi, plutôt que l'aboutissement d'un échange qui engage profondément chacun des partenaires. Si nous faisons le tour de quelques-uns des comportements qui sont à l'œuvre dans l'acte d'amour, nous découvrirons que c'est chaque fois un miracle que la rencontre se réalise à la satisfaction de chacun.

Le désir sexuel, c'est-à-dire à la fois l'appel intérieur et le mouvement qui pousse vers l'autre, se manifeste par l'érection chez l'homme et la lubrification chez la femme. Les sensations, les images, les sentiments qui le stimulent chez l'un et l'autre sont différents. Qui plus est, le désir a des racines anciennes que les expériences de la petite enfance et de l'adolescence ont pu vivifier ou au contraire meurtrir. Associé à la confiance, à l'abandon, à l'ouverture, ce désir peut se charger d'énergies positives. Si des interdits, des jugements de valeur, des violences subies s'y rattachent, ces énergies seront négatives et les refus actuels s'apparenteront à une sorte d'autoviolence sans fin.

Le désir a besoin d'une direction, il cherche à se projeter sur un objet choisi, une personne particulière. L'absence de désir chez un membre du couple peut avoir plusieurs raisons :

• Le désir est resté bloqué, fixé à une relation qui n'a pas été réglée, ou à une expérience traumatisante du passé (cas plus fréquent qu'on ne l'imagine) : « Je me suis libérée sexuellement seulement quand mes enfants ont été adultes, c'est-à-dire quand je ne me suis plus sentie responsable de leur survie au quotidien. Cela m'a donné la liberté d'oser être une femme, alors que je m'enfermais dans mon rôle de mère, justement pour me protéger de mes propres désirs. »

• Le désir a été blessé, violenté, trahi par la relation actuelle, vécue comme trop possessive, frustrante, aliénante : « Je ne pouvais avoir de plaisir tant que j'étais vue par mon partenaire comme un objet, comme sa chose. Dépossédée de moi-même je ne parvenais pas à m'abandonner. »

• Le désir s'investit ailleurs, auprès d'une tierce personne : « J'aimais mon mari, mais je sentais que tous mes désirs étaient tournés vers un autre homme, un collègue de travail, avec lequel, pourtant, je n'avais jamais eu de relations sexuelles. »

• Le désir jusque-là plutôt hétérosexuel découvre une nouvelle orientation sexuelle ou se cherche dans cette direction sans que la personne en soit toujours consciente : « Quand ma femme m'a demandé, un soir, si je n'étais pas homosexuel, j'ai eu envie de l'étrangler, tellement cela me paraissait injuste, et puis quelques années plus tard, j'ai découvert que c'était bien mon orientation et mon choix… »

Et puis, se pose la question du plaisir. Le plaisir est une expérience, une création en lui-même, avant tout intime, qui consiste à accéder à l'abandon de ses sens, abandon d'où émergera l'orgasme qu'il s'agit ensuite d'accepter d'offrir et de partager, voire de développer avec l'autre.

Beaucoup pensent, s'imaginent, que le plaisir vient de l'autre. Pour cette raison, ils adoptent une position d'attente plus ou moins passive qui pousse le partenaire à un surplus d'activisme débouchant parfois sur de l'impatience, de l'irritation, voire des violences verbales (grossièretés, disqualifications) ou un harcèlement physique équivalent à un viol : « J'avais le sentiment que mon mari voulait m'imposer le plaisir, m'obliger à en avoir… J'ai mis longtemps à comprendre que mon refus ou mon blocage lui donnait le sentiment d'être impuissant. Ce qu'il ne supportait pas. »

Si certaines personnes n'aiment pas faire l'amour, leur attitude peut être entendue comme une autoprivation par laquelle ces personnes visent à se punir ou à punir l'autre.

Et puis il y a tous ceux qui investissent leur libido dans l'action, la création ou le dévouement envers des plus démunis. Pendant ce temps, ils laissent leur partenaire le plus proche dans la frustration !

En parler ne suffit pas, encore faut-il accepter d'entendre ce qui se joue dans l'absence du désir.

On peut avoir du plaisir,
sans aller jusqu'au plaisir...

Draguer

Je découvre sur le tard, en échangeant avec des amis plus jeunes que moi (et non par moi-même – quoique !), que la drague est une activité en plein essor pouvant s'exercer en tout lieu. Je sais que certains, ou certaines, car l'activité n'est pas réservée aux hommes, s'y adonnent avec beaucoup de constance, de ténacité, voire d'acharnement, non seulement pendant leurs loisirs, mais également au cours de leur activité professionnelle. Bref, en tout lieu, de tout temps, c'est une activité qui requiert, semble-t-il, constance, savoir-faire et pas mal d'inventivité…

Au départ, draguer peut être une tentative pour capter l'attention de l'autre, soit par simple plaisir narcissique, soit par peur et besoin de réassurance, sans qu'un rapprochement plus intime soit envisagé. Mais draguer peut d'emblée aller jusqu'à proposer, parfois imposer, sa présence à un(e) autre dans le but manifeste, parfois clairement énoncé, d'avoir une relation sexuelle.

En week-end, en vacances, le champ d'exploration (j'allais écrire d'« exploitation » !) du dragueur est immense. Tôt le matin en faisant du jogging ou des exercices de maintien, plus nonchalamment mais non moins efficacement en paressant sur la plage, étendu et affublé de lunettes noires et vêtu d'un mini-slip ou d'un bermuda, en se baladant dans les rues, tout contexte est bon quand circulent, tout proches, l'autre, les autres, sujets/

objets de la convoitise du dragueur (ou de la dragueuse !).

Les lieux privilégiés de la drague active, opérationnelle à cent pour cent, semblent néanmoins être bien répertoriés : les discothèques, les bals, les concerts, les manifestations plus ou moins culturelles. Dans les discothèques et les bals, la drague paraît se faire fébrile, insistante parfois, surtout lorsque l'échéance du petit matin approche à grands pas !

La drague peut constituer pour certains une activité à temps plein. J'ai entendu, sur une chaîne de télévision, un dragueur qui s'était spécialisé dans les touristes : les étrangères jeunes et moins jeunes. Il racontait, sans état d'âme, qu'il consacrait tous ses jours de congé à arpenter les Champs-Élysées pour « se brancher ». Il y parvenait avec quelque soixante femmes par jour... Il affirmait recevoir deux ou trois gifles « les jours où ça marche mal », et essuyer nombre de refus. Mais comme il obtenait en moyenne une ou deux réponses positives par jour, il poursuivait : « Je n'ai pas intérêt à arrêter. Je n'ai pas envie de perdre la main ! »

Draguer me semble surtout être une façon de se débarrasser d'un peu de sa solitude et de ses besoins aux dépens de l'autre, voire de lui subtiliser un peu de vie. Mais c'est bien l'autre qui répond et confirme ainsi le dragueur dans son système... Au fond la drague n'existe que lorsque deux dragueurs se rencontrent et que l'un des deux croit qu'il est le seul...

« Il y a parfois, entre un homme et une femme, quelque chose qui ne tient ni de l'amour, ni de la tendresse. Un appel issu d'une douleur, d'une faim qui vient de là : du sexe, seulement du sexe. » Entendu dans un café, justement sur les Champs-Élysées...

Le point G existe-t-il ?

Le point G a fait l'objet d'une telle suspicion et d'une telle ironie caustique chez beaucoup d'hommes, d'une telle méconnaissance dans les milieux scientifiques et d'un tel discrédit de la part d'une grande partie du corps médical que ceux et celles qui l'ont découvert dans leur propre corps ou chez l'autre se gardent de témoigner et vont même jusqu'à nier leur propre expérience ou éluder la question quand elle se présente ou surgit au cours d'un échange.

Lorsqu'on s'est mis à parler du point G, voilà plus d'un quart de siècle, beaucoup de partenaires amoureux ont souhaité le découvrir, ont tenté de l'apprivoiser et de lui donner une existence concrète. Pour ce faire, ils avaient recours à des stimulations manuelles assidues comme le préconisaient alors les sexologues. De fait, le fameux point étant situé sur le plafond du vagin, il paraît difficile de l'atteindre à moins de disposer d'un pénis articulé et directionnel !

Au-delà du plaisir qu'il procure, le point G, quand il est familier aux partenaires, permet de stimuler une glande généreuse qui jaillit comme une source avec une abondance qui séduit, étonne et émerveille les partenaires – et parfois les inquiète quand ils sont débutants et découvrent ce phénomène pour la première fois !

Plus récemment, des chercheurs du service de physiologie de la North Western University ont découvert le point U. Il se situerait dans la zone de l'urètre. Sa fonction favorite consisterait à ouvrir le vagin, mais je n'en sais pas plus car malgré un entraînement intensif je ne l'ai jamais trouvé !

Si mes renseignements sont exacts, il serait aussi possible d'atteindre le point A ou FE (il était dénommé ainsi, sans explication, dans l'article que j'ai lu) sur la paroi supérieure du vagin, un peu en amont du point G. Mais m'étant perdu dans un labyrinthe en allant à sa recherche, je me sens démuni – même si je ne me décourage pas ! C'est Joel Block dans *Secrets of better sex* qui a révélé l'existence de ce dernier point, particulièrement intéressant, semble-t-il, pour les émois qu'il provoque.

L'information ayant trait à cette multiplicité de points d'ouverture sensibles à l'émergence du plaisir devrait à mon humble avis stimuler les hommes, les inviter à être plus à l'écoute du sexe de leur partenaire. S'ils réalisent que la tête chercheuse qui se trouve à l'extrémité de leur pénis a des capacités limitées, ils oseront peut-être faire preuve d'une plus grande liberté d'être en prenant des initiatives inédites. Si je ne craignais d'être trivial, j'ajouterais qu'il leur appartient de mettre la main à la pâte... avec doigté !

Ne vous contentez pas de trouver le point G de la femme que vous aimez, osez explorer avec elle l'alphabet dans son entier.

« Faire l'amour »

Cette expression qui est la plus souvent utilisée pour nommer, identifier la rencontre sexuelle, ne me convient pas. Dans le faire l'amour, il y a surtout, présente et dominante, l'image de l'acte sexuel, de la pénétration. Or, nous savons que la rencontre sexuelle rassemble, dynamise l'ensemble des langages de l'être humain. Langage du corps bien sûr, mais aussi langages de l'imaginaire, des sentiments, du désir, de la confiance, de l'abandon, de l'inconscient, des émotions – tous participent à la mobilisation de l'ensemble des sens pour permettre l'irruption magique, quasi sacrée, du plaisir.

Ce qui caractérise une relation de couple, par rapport aux autres types de relations qui nourrissent une existence – relations amicales, familiales, sociales, professionnelles –, c'est la possibilité permanente et librement acceptée d'une vie sexuelle partagée. Or, la rencontre sexuelle, même quand elle est attendue, espérée, n'est pas toujours désirée ni souhaitée au même moment, car la sensualité de la femme et celle de l'homme présentent des différences.

Les synchronicités dans les approches, les apprivoisements, les rythmes, divergent aussi. Autant de décalages qui provoquent parfois des désaccords. Trop d'impatience, de précipitation, de focalisation sur certaines parties du corps chez l'un, beaucoup d'attentes implicites, un besoin de caresses, de paroles, d'attention à l'ensemble du corps de l'autre.

Les mythologies personnelles, ainsi que je les appelle, c'est-à-dire l'ensemble des croyances qui se sont inscrites en nous durant l'enfance et l'adolescence, entrent aussi en jeu. Je suis d'une génération où la femme n'osait pas, hésitait à montrer qu'elle éprouvait du désir, craignant de passer pour une « femme facile », voire une femme de petite vertu, pour ne pas dire plus. Manifester un désir, esquisser un geste à l'endroit d'un homme, adresser une invitation trop directe, ne se faisait pas. À cela, il faut ajouter les mises en garde, voire les menaces et les interdits édictés par certaines mères exprimant leurs déceptions et ressentiments, qui véhiculaient souvent une image de l'homme assez négative : « Méfie-toi, ne te donne pas, car après ils profitent de toi » ; « Ils te disent qu'ils t'aiment, mais ils ne pensent qu'à ça, et quand ils l'ont eue, ils te laissent, avec tes pleurs ».

Certains hommes croient qu'il leur appartient de prendre l'initiative des préliminaires, d'autres sont persuadés qu'en caressant le clitoris de leur partenaire, ils déclencheront son désir alors que cette partie est parfois si sensible qu'elle s'irrite et se dérobe. Ils provoqueront ainsi l'effet inverse de ce qu'ils recherchent. Par ailleurs, beaucoup d'hommes ont peur de perdre leur érection, qu'elle ne dure pas suffisamment longtemps, aussi visent-ils un seul but : la pénétration, sans toujours se soucier de savoir si leur partenaire éprouve elle aussi du désir et surtout, si elle est prête à les accueillir.

Les gestes de l'amour ne s'inscrivent pas de la même façon dans le corps de l'un et de l'autre. Pour l'un c'est une ouverture, un accueil, une acceptation. Pour l'autre il s'agit trop souvent d'intrusion, de « prendre » (ou d'avoir) du plaisir, ou de dominer, ce qui n'équivaut pas toujours à un plaisir quand il s'agit de la simple décharge de tensions.

Dans les témoignages que je reçois, j'entends que beaucoup d'hommes et de femmes confondent éjaculation et orgasme. Combien d'hommes qui éjaculent sans problème seraient surpris de découvrir qu'ils n'ont jamais eu d'orgasme, et découvrent avec effarement et émerveillement tout un pan de leur sexualité quand ils acceptent de lâcher prise, de donner libre cours à leurs émois, d'autoriser leur corps à participer joyeusement à la relation sexuelle. Cela est possible à tout âge.

Réduire le faire l'amour à une relation sexuelle est trop frustrant. Aussi est-ce une invitation ouverte que je fais à tous ceux qui liront ce texte : interrogez-vous, mais surtout acceptez d'échanger, de partager afin de limiter le non-dit qui entoure la vie sexuelle.

Peut-être que faire l'amour revient à « fabriquer » de l'amour, à mettre encore plus... d'amour en circulation dans l'univers !

La rencontre sexuelle est un échange quand elle est accomplie dans la plénitude d'un accord, quand elle va plus loin que la rencontre des désirs et permet d'accéder au divin qui est en soi.

Faut-il faire l'amour en silence ?

Quand je dors à l'hôtel, il m'arrive d'entendre dans les chambres voisines des gémissements et des cris que j'imagine de plaisir, car les quelques échos assourdis qui me parviennent et le rythme des ébats qu'ils ponctuent semblent refléter la joie, l'abandon et un grand bien-être.

Et je dois le dire à mon grand étonnement, ce sont toujours des voix de femmes qui se manifestent. Je n'ai jamais entendu (j'ose le dire, hors les miens) des cris d'homme ! Sont-ils plus retenus, plus intériorisés, plus interdits, je ne le sais. Je remercie ces femmes qui osent, car elles me donnent aussi à moi-même l'autorisation d'oser, ce que je n'ai pas su faire pendant longtemps au début de ma vie d'homme. Oser montrer le plaisir avec la totalité de son corps suppose plus de liberté d'être que je n'avais pu l'imaginer au début de ma vie amoureuse. Quel cheminement...

J'ai reçu cette semaine la lettre d'une femme, accompagnée d'un billet que lui ont adressé des proches voisins. « Merci de bien vouloir faire l'amour sans hurler à 3 h 10 du matin. En silence cela peut aussi être très bien », disait le billet. Un couple dérangé dans sa propre intimité au point de se manifester à son tour, mais pas par le même moyen. Je note que ces voisins ont noté scrupuleusement l'heure et je m'interroge sur l'identité de l'auteur du billet : est-ce l'homme, la femme, le couple ?

La lettre de la dame, qui accompagnait le billet, se lit comme suit : « Voici ce que j'ai trouvé ce matin dans ma boîte aux lettres. Vous connaissez la place des femmes dans leurs rapports aux autres, va-t-on continuer à les bâillonner ? Mes voisins sont de jeunes mariés (silencieux il est vrai !) qui ont choisi de vivre en immeuble. Celui-ci est à l'arrière de ma maison, faisant écran à une voie ferrée où les trains circulent aussi de nuit. Sont-ils moins dérangés par les trains que par mes cris ? Je ne sais que leur répondre. Comment leur dire les bienfaits de la libération de la voix quand on ne l'a pas vécue ? Préfèrent-ils entendre les trains qui passent ou le bruit de l'amour ! ? Bien à vous, comme vous dites quand vous répondez à vos lecteurs, oui, bien à vous... »

Je réponds à ma correspondante. Ce que je sais aujourd'hui, c'est que l'amour a besoin d'intimité et que la fête des corps suppose un environnement bienveillant. Oser tout, bien sûr, mais dans la douceur d'une intimité qui ne se répand pas. Quand une rencontre est précieuse, il ne s'agit pas de la cacher, mais de la protéger. De la protéger de l'irruption des jugements et des commentaires qui émanent justement des autres, de préserver l'espace et le temps de ce moment partagé, pour en confirmer la valeur et le caractère précieux.

Faire l'amour suppose un espace d'intimité d'autant plus préservé que cette rencontre s'accomplit dans le don et l'abandon, dans le plaisir et la confiance mutuelle.

La découverte de l'autre sexe

Découvrir l'autre sexe et sa différence, c'est entrer dans l'un des mystères les plus complexes de la vie. Toute découverte en ce domaine ne relève ni d'un savoir acquis ou transmis, mais d'une expérience unique pour chacun et qui est de l'ordre de la révélation.

Je pense à cette petite fille de trois ans qui, voyant pour la première fois sa mère laver le sexe de son petit frère, lui retient la main et lui dit gravement : « Tu sais, ce n'est pas la peine de laver ce truc, de toute façon il va tomber, comme le mien ! » Et au petit garçon de cinq ans que je fus, curieux de savoir « ce qu'il y a vraiment » sous les jupes des filles, qui s'écria, déçu devant le ventre tout rond d'une fillette : « Mais tu n'as rien ! » Je vis alors une larme couler lentement le long de sa joue et sa bouche se crisper... Que je voudrais tellement, tellement pouvoir me rattraper tant je me sens coupable, encore aujourd'hui, d'avoir blessé cette petite fille !

Certains de nos grands-parents n'ont jamais vu le sexe de leur conjoint. Ils se couchaient vêtus de longues chemises de nuit, éteignaient la lumière, et la rencontre se faisait avec l'aide de l'obscurité et du silence par des tâtonnements de moins en moins maladroits, du moins je l'espère !

Découvrir la différence des sexes, ce n'est pas seulement regarder ou toucher, c'est aussi écouter et entendre comment l'autre vit son sexe, ce que ce dernier représente de honte ou de fierté, de gêne ou de plaisir, de peur ou de désir.

Beaucoup d'hommes sont persuadés qu'il suffit de caresser le clitoris de leur partenaire pour éveiller le désir chez elle. Certains ignorent, ou ne veulent pas entendre, que cette partie du sexe féminin est parfois si sensible, comme électrique, que la stimuler provoque blocage, douleur, voire anesthésie, c'est-à-dire l'inverse de ce qu'ils souhaitent.

Le sexe des hommes est fragile, il est habité, plus souvent que les hommes eux-mêmes en ont conscience, par des peurs : peur de perdre l'érection, peur de ne pas avoir d'autre érection (face à l'attente de l'autre), peur de ne pas être à la hauteur (de leurs propres fantasmes), peur de faire mal, d'être maladroit, d'être rejeté (avec le risque d'être jugé comme n'étant pas un « bon coup », pour reprendre une expression assez courante chez les femmes d'aujourd'hui !)...

La découverte du sexe, qui n'est pas *opposé,* comme on le dit familièrement, mais *complémentaire,* est un long apprivoisement. C'est un chemin parsemé d'étonnements, d'enthousiasmes et de plaisirs, mais aussi de malentendus, de malaises, d'incompréhensions.

Peut-être pourrions-nous apprendre à définir ce qui est vital pour nous, afin de ne pas laisser croire à l'autre qu'il sait mieux que nous ce qui est bon ou moins bon en ce qui nous concerne. La relation sexuelle est un creuset où devraient se rencontrer tous les langages d'une communication pleine et vivante et surtout toujours en devenir, jamais achevée.

Quand l'amour est une fête sacrée
des corps coule le miel de l'orgasme.

Le viol conjugal

C'est souvent un sujet tabou ou d'étonnement scandalisé pour les hommes qui ne voient pas matière à interrogation et qui se fâchent quand on met en cause la maladresse, la tyrannie, voire la violence de leur désir : « Mais enfin, faire l'amour quand on en a envie, c'est normal ! C'est ma femme ! Si on ne peut plus baiser avec sa femme ! »

Le viol conjugal est aussi un sujet tabou pour les femmes. Celles-ci en ont honte et pensent parfois qu'accepter ce type de maltraitance leur évite de subir des violences physiques ou psychologiques plus graves qui leur paraîtraient encore plus difficiles à vivre.

Le viol conjugal, dans sa définition la plus simple, consiste en des relations sexuelles imposées sans le consentement du partenaire ou par la contrainte physique, psychologique ou morale. En France, il a été reconnu comme punissable par la loi du 22 décembre 1989.

Dans l'intimité de certains couples, il reste cependant très fréquent. Quelque 25 % des femmes mariées, dit-on, subissent ou « acceptent » des relations sexuelles imposées par leur conjoint. La banalisation de ce type d'abus a pour origine non seulement des rapports de force opaques et faussés entre hommes et femmes, mais aussi un conditionnement lié à des modèles culturels véhiculés et imposés par l'éducation, la publicité, les films.

La prédominance et la persistance des modalités qui caractérisent le mode antirelationnel des échanges dans notre société se trouvent à la base de ce type de violence. Trop souvent, nous engageons des rapports et avons des conduites fondés sur des injonctions, des dévalorisations, de la culpabilisation, parfois même du chantage et des menaces. L'issue en est des relations ambivalentes et des rapports de force de type dominant/dominé. Tant que la famille, l'école et la société entretiendront de telles modalités relationnelles, les rapports dominant/dominé perdureront et seront même perçus par certains comme légitimes.

Fondés sur la manipulation et le mensonge au détriment de l'affirmation et de la confrontation qui sont, eux, à la base de la mutualité, de l'alternance des influences, du respect de l'autre et de soi, marqués tantôt par la soumission tantôt par l'opposition, ces rapports confirment à certains le bien-fondé de la violence qu'ils imposent sans état d'âme. Dans une relation intime, celui qui impose sa sexualité à l'autre comme étant naturelle tente paradoxalement de la justifier en faisant appel à ses propres sentiments : « C'est normal, je t'aime » ou aux sentiments de l'autre : « Si tu m'aimes, tu dois avoir envie », faisant ainsi un amalgame complaisant, et toujours à leur profit, entre sentiment et relation.

À trop se sentir bafoué, le corps parfois se révolte. Il utilise alors le seul langage qui lui permette de se faire entendre, le langage des maux… en payant parfois un prix fort : une maladie grave ou durable.

L'amour dans tous ses états

J'ai entendu, dans un train, deux hommes qui bavardaient de leurs amours. Et l'un disait à l'autre : « Cette femme-là je l'aime à la folie, elle serait mon idéal si elle était différente ! »

Le marchand de rose

Il fréquente les mêmes restaurants que moi, pas pour les mêmes motifs bien sûr ! Il connaît bien les garçons et les maîtres d'hôtel, ceux qui l'acceptent, ceux qui échangent un mot, ceux qui le tolèrent et ceux qui le rejettent, voire le chassent d'un coup de torchon plus ou moins discret... Il a préparé avec soin ses roses, chacune dans un emballage de cellophane. Il s'adresse en priorité aux hommes accompagnés, guignant de l'œil la femme, sollicitant son soutien, un mouvement d'intérêt qui stimulerait l'homme à lui offrir une rose.

Le plus souvent, le regard des hommes effleure le marchand sans le voir. Un mouvement de tête négatif indique que la rose est inopportune dans l'état de la relation, qu'elle dérange l'échange, parasite ce qui se passe entre les deux convives. Combien de conditions favorables faut-il pour qu'un homme en train de dîner et de parler offre une rose à une femme, que celle-ci l'accueille et que la rose parvienne jusqu'à un vase ? Si toutefois elle n'a pas été oubliée dans un taxi ou sur la table du restaurant !

J'imagine parfois la vie du marchand de roses. Il prévoit de traverser quelque trente à soixante restaurants durant la soirée afin de pouvoir affronter ses dépenses courantes, son loyer, et tout ce qu'il doit acheter pour manger à sa faim. Il doit lui arriver de se retrouver à minuit ou à une heure du matin avec un bouquet de quinze à vingt roses invendues, qu'il devra mettre dans sa baignoire ou dans une cuvette afin de les maintenir fraîches et présentables jusqu'au lendemain…

Le chemin parcouru par une rose pour honorer son destin, être un signe d'amour ou d'attention affectueuse, est périlleux, labyrinthique et plein d'imprévus ! Acheter, prendre, offrir une rose, c'est accueillir un peu d'espérance, c'est faire place à un peu plus de vie l'espace d'un instant.

Je me souviens du jour où ce fut Elle qui m'offrit une rose. Nous venions d'avoir un échange un peu vif et je commençais, selon mon habitude (à cette époque-là), à me replier, à me refermer et donc à gâcher notre soirée. En ce temps-là, j'étais un spécialiste de l'autosabotage et de l'autoprivation. Quand justement elle prit une rose au marchand qui passait, elle écrivit sur un morceau de nappe ces quelques mots : « Il arrive parfois aux épines d'avoir des roses ! » Elle m'offrit le tout et elle éclata de rire en voyant mon air perplexe, m'embrassa en me disant : « J'aimerais être aimée même quand je sors mes épines ! » Aujourd'hui encore, quand je reçois ou que j'offre des roses, je songe à cette rose-là… Oui, il arrive parfois aux épines d'avoir des roses.

Où ai-je lu
que nos joies passées
nous unissent à l'infini ?

Tomber enceinte en étant vierge, est-ce possible ?

Une telle question peut en surprendre plus d'un ! Oui, c'est possible, et cela arrive dans certaines circonstances. Je ne parlerai pas de l'Immaculée Conception, mais d'un phénomène qui, tout en étant rare, est cependant réel. Je connais au moins quatre femmes auxquelles cette aventure est arrivée. Dans chaque cas, même si les intentions et les comportements étaient très différents, les circonstances, par contre, ont été très semblables.

Il faut tout d'abord savoir que l'hymen ne se présente pas comme une porte fermée, comme un voile de chair homogène, mais plutôt comme une sorte de diaphragme, semblable à celui des appareils photo d'autrefois : une spirale concentrique, mobile et poreuse.

Un des couples auxquels je pense, formé de deux catholiques pratiquants, s'était promis et avait pris l'engagement de ne pas avoir de relations sexuelles avant le mariage. Ils avaient tenu bon, mais une soirée d'été, après s'être baignés, nus, après quelques caresses timides et quelques emportements passionnés, l'homme avait éjaculé sur le ventre de sa fiancée. Seulement cela, sans pénétration aucune, et la jeune femme s'était retrouvée enceinte quelques semaines après. Des années plus tard, elle disait encore sa colère et sa détermination : « J'ai tenu bon, contre l'avis de mes parents qui n'ont jamais cru que j'étais encore vierge, pour me marier en blanc. Même si ma grossesse se voyait, je savais ce que j'avais vécu et je voulais me respecter. »

Les quelques témoignages que j'ai pu recueillir rapportent tous des incidents semblables. Pas de pénétration, seulement des jeux, une approche passionnée, des caresses très stimulantes et une éjaculation impétueuse, trop proche des organes génitaux de la femme.

L'hymen n'étant jamais complètement obturé, il présente une porosité suffisante pour laisser d'une part s'écouler le sang des règles et d'autre part entrer les spermatozoïdes – ces microscopiques intrus… De plus, ceux-ci semblent méconnaître la loi de la pesanteur. Ils sont apparemment fascinés, attirés par des forces ascensionnelles qui les conduisent jusqu'à un endroit bienveillant, l'utérus féminin où ils seront accueillis et choyés.

Et je sais pour ma part que la passion amoureuse est capable d'accomplir bien d'autres miracles !

Les miracles existent, même
s'ils ne sont pas nombreux.
Ils allègent l'existence
par leur présence inespérée.

« Ma meilleure amie me trouve séductrice ! »

La question de la séduction est complexe, car elle met en jeu deux dynamiques relationnelles qui sont en opposition :

• La dynamique de celui qui aspire à attirer l'attention, voire à capter l'intérêt, l'affection ou le désir de l'autre.

• La dynamique de celui qui est attiré et qui n'ose pas toujours le reconnaître, ou qui sent que cette attirance va le bousculer. Dans ce dernier cas, traiter l'autre de séducteur ou de séductrice est une défense visant à justifier son propre repli et son besoin de protection : c'est l'autre qui est dangereux, puisque séducteur.

Ceux qui sont perçus comme des séducteurs ont souvent besoin d'une reconnaissance qu'ils demandent implicitement. Ils émettent des signaux de disponibilité ou d'attente qui sont interprétés soit comme une invite, soit comme dérangeants par celui qui les reçoit. Mais ils sont fréquemment habités par un manque de confiance en eux-mêmes, qui gêne ainsi ceux qu'ils rencontrent.

Pour ma part, je crois que l'on appelle à tort séducteur ou séductrice celui, celle qui touche par ses attentions, par l'intérêt qu'il porte à l'autre, par la familiarité et la liberté de ses propos. Or, il me semble qu'en traitant l'autre de séducteur nous nous déresponsabilisons. Nous nous comportons comme si nous étions une malheureuse victime, démunie devant l'emprise du dit séducteur auquel nous attribuons la toute-puissance de nous rendre vulnérable, de déclencher malgré nous notre attirance, notre désir et l'abandon de notre sens critique.

Je ne connais que des personnes qui parfois sont séduisantes (et d'autres fois ne le sont pas) et des personnes qui sont « séductibles », c'est-à-dire sensibles à l'attirance de l'autre. Ces dernières (dont je fais partie) sont la catégorie la plus nombreuse. Elles envoient des signaux qui peuvent troubler ou gêner s'ils sont entendus comme des invites. Et j'estime que si ces personnes « séductibles » acceptent d'être séduites, elles sont responsables de leurs propres émois. Celle (ou celui) qui se contente d'affirmer que « c'est la faute de l'autre », ou qu'il n'a pas eu de chance puisqu'il est « tombé sur un séducteur », ne grandira pas beaucoup.

Si votre meilleure amie vous trouve séductrice, peut-être a-t-elle perçu chez vous ce qui lui fait défaut : une liberté d'être, une aisance dans les contacts et les échanges qui peuvent déclencher deux mouvements opposés chez les hommes, mais qui sont toujours source de malentendus : le désir de prendre votre aisance et votre liberté pour une invitation, et la peur d'être perturbés par l'attirance qu'ils éprouvent pour vous ! Dans les deux cas, il n'est pas facile de gérer la situation, ni pour celle qui est perçue comme une séductrice, ni pour celui qui est étiqueté comme un séducteur.

« Cours après moi que je t'attrape ! »
relève d'une vieille pratique amoureuse.

Un couple… à trois

Je connais, dans mon entourage immédiat, au moins cinq couples, composés de deux femmes et d'un homme ou de deux hommes et d'une femme, qui vivent ensemble depuis des années et semblent s'équilibrer mutuellement ainsi… À la fois discrètement et ouvertement aux yeux de leurs proches, ils partagent un mode de vie qui paraît inacceptable à la plupart d'entre nous.

Comme j'ai eu l'occasion d'échanger avec chacun des protagonistes, je vais tenter de rapporter quelques-unes de leurs remarques. « Nous vivons à trois depuis douze ans et je pense que cela va durer, car notre entente affective est forte », dit l'une des femmes. Je me hasarde, en butant sur les mots : « Et la sexualité ? Comment cela se passe-t-il ?

— Normalement, c'est nous, les femmes, qui choisissons.

— Vous choisissez quoi ?

— De passer la nuit ensemble avec ou pas ! C'est formidable de pouvoir choisir sans se sentir jalouse. » Cette fois-là, je ne suis pas allé plus loin dans le détail de la vie intime de ce couple à trois, et par la suite je n'en ai pas appris beaucoup plus, sinon qu'ils paraissaient satisfaits les uns des autres autant que d'eux-mêmes, ce qui est déjà beaucoup !

Dans une autre de ces associations triangulaires, c'est l'homme qui m'a affirmé : « Dans un couple à trois, il faut trois relations sinon ça ne marche pas.

— Comment cela, trois relations ?

— Une relation entre l'homme et chacune des femmes et une relation entre les femmes. Nous pouvons ainsi nous appuyer, compter sur la disponibilité de l'un ou de l'autre et en même temps disposer pour nous-même d'un temps et d'un espace sans les autres. »

C'est la grande liberté qui circulait et la tendresse qui existait entre ces hommes et ces femmes qui, paradoxalement, m'ont le plus touché dans ces différents témoignages. J'y ai entendu plusieurs constantes : une liberté fondée sur la non-possessivité, sur la légèreté, la joyeuseté et le respect, ainsi qu'une tendresse qui dépassait le registre de la sexualité.

Dans un des premiers films de Coline Serreau, *Pourquoi pas !*, Sami Frey vit une relation à trois : deux hommes et une femme. Cette relation est bousculée par l'arrivée d'un quatrième personnage, une femme, qui ne supporte pas de partager quand elle découvre la nature des relations de son ami avec les deux autres... Le film, un peu trop provocateur pour l'époque, avait suscité beaucoup d'interrogations et de curiosité, et peut-être un peu d'angoisse, chez certains à l'idée qu'il soit possible de partager son amour entre plusieurs partenaires.

Peut-être ce film et la réalité de certaines relations d'aujourd'hui nous rappellent-ils qu'il n'y a pas de modèle en amour, seulement des découvertes et des étonnements à vivre.

**En amour il ne suffit pas d'oser,
encore faut-il savoir faire vivre et cohabiter
des univers intimes différents et parfois
aux antipodes les uns des autres.**

Sincère, mais avec qui ?

Être sincère est une aspiration profonde chez beaucoup plus de gens qu'on ne le pense. Cela est peu étonnant si nous pensons aux faux-semblants, aux mensonges, aux trahisons qui nous entourent.

La difficulté réside dans la personne à qui cette sincérité s'adresse. Cet homme est sincère quand il dit à la femme avec laquelle il entretient une relation tierce depuis deux ans : « Je t'aime et c'est avec toi que je voudrais vivre. » Il est tout aussi sincère avec lui-même quand il se dit : « Je ne sais pas comment je peux quitter ma femme, je vis avec elle depuis quinze ans, nous avons deux enfants. Je ne l'aime plus, mais je suis attaché à elle. » Tel autre est persuadé qu'il est sincère quand, après une déception ou un conflit, il prétend ne rien éprouver : « Tout va bien, ce n'est pas grave », dit-il. Il est peut-être anesthésié depuis si longtemps qu'il ne ressent plus rien.

Sincérité ne veut pas dire, comme on le croit souvent, tout dire à l'autre, pas plus que ne pas lui mentir. Car le plus souvent c'est soi-même que l'on trompe plus que l'autre. « Ce que je ne supporte pas, c'est qu'il ne me dise pas la vérité », dit une femme. Mais de quelle vérité s'agit-il ? De celle qu'elle veut entendre ou de celle qu'elle ne peut pas entendre ?

Être sincère signifie d'abord oser tout se dire à soi-même. Cela révèle que nous recherchons l'harmonie et la cohérence entre ce que nous pensons et ce que nous disons, entre ce que nous éprouvons et ce que nous faisons. Au fond, nous sommes d'une habileté inouïe pour nous leurrer et inventer des prétextes tout à fait réalistes et ayant l'apparence de l'évidence afin de nous abuser nous-même avec une sincérité des plus sincères !

Nous pouvons aussi pratiquer la *self-deception* décrite par Edgar Morin : ce processus mensonger que nous déployons quand toute une part de nous-même nous ment, nous dupe, nous fait oublier ce qui nous gêne, et met en relief ce qui nous plaît. Être sincère avec soi-même est donc difficile quand il s'agit de se confronter à son intimité et plus encore aux zones d'ombres qui nous habitent parfois. L'image que nous avons besoin d'avoir de nous-même fait aussi obstacle à nos tentatives de sincérité. Nous tenons tellement à cette image qu'elle est souvent à l'origine de nombre de mensonges et de jeux pervers : nous ne voulons pas la flétrir, l'abîmer, voire simplement la remettre en cause. Nous pouvons donc être sincère et cependant continuer de nous tromper.

Quant à la sincérité dans un couple, elle repose sur deux piliers : l'intimité commune et partagée, et l'intimité personnelle, tenue en réserve. Nous qualifions parfois celle-ci de « jardin secret » ou de « respect de soi ».

Je suis sincère quand je te dis « Je t'aime »
et ne sais pas encore que je ne t'aime plus,
car il me faudra beaucoup de temps
pour oser me l'avouer.

Je voudrais que tu combles mes besoins

Dans l'important courrier que je reçois, il est fréquemment question des besoins que l'on demande à la vie ou aux autres de combler ou qu'on doit entendre parce qu'ils sont importants et vitaux. Se développe ainsi une sorte d'impérialisme du besoin qui s'impose non seulement à ceux qui les éprouvent, ce qui est tout à fait justifié, mais aussi aux proches et aux moins proches, ce qui l'est moins. Surtout lorsque ceux-ci se sentent mis en demeure de faire quelque chose, de ne pas rester passifs, de « répondre » !

« Je me sens prise en otage chaque fois qu'il me demande d'agir pour lui. Je croyais avoir épousé un adulte, justement capable de répondre à ses propres besoins sans me les imposer ! Et je découvre un homme perdu, plaintif, un petit garçon agressif parfois quand je refuse de répondre aux attentes qu'il a à mon égard. » Ou : « Il m'arrive de redouter l'arrivée du week-end tellement je sais que dès le samedi matin, avant même que j'ouvre les yeux, je serai investi par ma femme de tant de demandes que je regretterai aussitôt de ne plus être au bureau ou ailleurs. »

Dans de nombreuses relations intimes, l'autre se voit ainsi implicitement confier la mission de combler les besoins multiples de son partenaire, qui ne s'épuisent jamais. Besoin d'être écouté, reconnu, compris, aimé. Besoin de voir l'autre plus souvent, d'avoir avec lui des rencontres plus profondes. Besoin de partager, d'échanger. Besoin d'un plus grand respect. « Tu me manques. J'ai besoin que tu sois là plus souvent, que tu me dises "Je t'aime" » ; « Je voudrais que tu ne me coupes pas la parole en public, et sortir plus souvent avec toi ». La liste est longue : que tu me fasses un enfant, que tu n'aimes que moi, que tu sois moins pressé en faisant l'amour, que tu me dises des mots gentils… Besoin de présence ou de distance, besoins exprimés ou tus, criés silencieusement ou révélés par des actes manqués, des passages à l'acte parasitaires, mais toujours portés par l'espoir, tourné vers l'autre, d'une écoute, d'une attention ou d'une réponse.

Il est certain que chacun de ces besoins porte en lui-même sa justification. La plupart n'ont rien d'excessif et sont l'expression de la vitalité (ou de l'inquiétude, de la frustration) de celui qui les éprouve. Nous savons que le propre d'un besoin, quand il n'est pas confondu avec un désir, est qu'il demande satisfaction et apaisement. À défaut de quoi se développent des besoins secondaires qui, tels des parasites, peuvent envahir l'espace d'une relation et la polluer gravement… Alors que faire ? Peut-être oser dire : « Je ne t'ai pas épousé pour répondre à tes besoins, mais pour grandir avec toi, accéder à plus de maturité, de liberté partagée. » Ou encore prendre position et signifier ses limites, ses attentes et ses zones d'intolérance. Cela est possible quand un échange réciproque existe. Et peut-être aussi que celui qui exprime un besoin avec autant de constance et d'intensité pourrait se demander ce qu'il demande véritablement au-delà de l'attente qu'il exprime…

« Il est difficile de discuter de recettes de cuisine avec des anthropophages. »

JEAN-PAUL VERNANT

Le conflit entre désir et besoin

Nous sommes souvent confronté, au plus profond de nous-même, à un dilemme qu'il n'est pas facile de résoudre : nous désirons faire quelque chose mais nous sentons que cela ne correspond pas à notre besoin profond. Cette dualité peut porter sur des enjeux bénins : « J'ai envie de sortir, de profiter avec des amis sans regarder passer les heures, et en même temps, j'ai besoin de me retrouver seul, de lire ou de récupérer quelques heures de sommeil nécessaires. » Les enjeux peuvent être plus complexes : « J'avais le désir d'entrer dans cette relation amoureuse que me proposait cette amie, retrouvée après tant d'années, mais je pressentais que cela risquait de me perturber, de me replonger dans une dépendance que je ne souhaitais pas. Mon désir du moment ne correspondait pas à mon besoin de me respecter en restant fidèle à ma compagne. »

Il me semble que dans le très beau film de Clint Eastwood, *Sur la route de Madison*, l'héroïne, interprétée par Meryl Streep, vit ce dilemme : malgré son désir pour l'homme qui vient d'entrer dans sa vie, elle respecte son besoin d'être fidèle à une certaine image d'elle-même, en restant au foyer. J'ai cru comprendre que son choix ne reposait pas sur sa fidélité à son mari, mais plutôt sur sa fidélité à elle-même, sur la reconnaissance profonde de la femme qu'elle était.

Le désir est un générateur d'énergie extraordinaire, c'est pour cela qu'il l'emporte le plus souvent sur le besoin, dont la dynamique est plus statique, ce qui ne veut pas dire passive. Il ne m'appartient pas ici de dire ce qu'il est préférable de satisfaire, désir ou besoin. Cela dépend des équilibres, des engagements qui sont à l'œuvre à une période donnée de la vie, des tempêtes et des plages de calme de notre existence.

L'histoire que voici illustre bien le dilemme entre désir et besoin : « J'avais vraiment le désir de faire ce voyage en Inde. J'en rêvais depuis des années et j'avais commencé à passer du désir au projet en bloquant une période de deux mois, en rassemblant mes économies, en contactant un ashram où je souhaitais m'arrêter pour faire un peu de travail sur moi, quand, quelques semaines avant mon départ, un de mes fils m'interpella profondément par des comportements autodestructeurs. J'ai donc modifié mon projet, je l'ai aménagé pour respecter à la fois mon désir de faire ce voyage et mon besoin d'assumer mon rôle de père, de ne pas me dérober dans un moment où j'avais le sentiment que mon enfant avait besoin de moi : j'ai proposé à mon fils de l'emmener. Je lui ai précisé que ce voyage était important pour moi, et que je souhaitais le vivre en m'impliquant profondément. Et je l'ai invité à vivre ce qui lui paraîtrait bon pour lui dans cette expérience. Ce voyage fut très bénéfique pour l'un comme pour l'autre. Nous nous sommes rencontrés comme jamais nous n'aurions pu le faire, et chacun d'entre nous a pu faire un chemin vers plus d'intériorité, plus de respect envers lui-même… Cela reste entre nous comme une complicité, un partage inoubliable. »

Il n'est pas toujours possible de concilier désir et besoin, mais nous pouvons au moins rester au plus près de nos besoins.

Ces relations si délicates, si difficiles avec nos parents

Qui n'a pas éprouvé, arrivé à l'âge adulte, engagé dans la vie, devenu responsable, autonome et peut-être parent à son tour, la difficulté de se faire entendre par ses propres parents, de se sentir reconnu par eux ou simplement de pouvoir dialoguer en réciprocité avec eux ? À nous, enfants à présent adultes, les relations avec nos géniteurs paraissent parfois d'une incroyable complexité.

Que ce soit lors d'une visite chez eux ou lorsqu'ils viennent nous voir, d'un repas pourtant envisagé avec joie, d'une conversation téléphonique, la moindre tentative d'échange, le plus petit essai de partage dérape le plus souvent et se termine en reproches ou en accusations, fait remonter à la surface des situations douloureuses du passé, et surtout, nous donne le sentiment amer que si nous ne répondons pas à leurs attentes ou à leurs désirs, nous ne valons rien, nous risquons d'être rejeté, de perdre leur amour. Tout se passe comme s'il était quasiment impossible d'avoir avec eux une relation simple dans laquelle serait prise en compte la possibilité de se dire et d'être entendu, de développer des points de vue ou des idées différentes des leurs, de présenter un projet ou de témoigner d'un engagement ou d'une relation sans soulever des objections, des commentaires négatifs, des jugements de valeurs, voire des interdits...

Malgré (ou à cause) des sentiments d'amour très forts qui nous unissent à nos parents, la relation qu'ils nous proposent vise le plus souvent à marquer leur emprise, à garder le contrôle, à s'assurer de notre attachement (et donc de notre dépendance), par le biais des quelques points de fixation qui ponctuent nos différences devenues des différends...

Voici quelques-uns de ces points :

• Les questions d'argent : « Je veux bien te prêter cet argent, quoique je puisse en avoir besoin, mais à condition que cette maison que tu envisages d'acheter soit dans une copropriété. »

• La trajectoire professionnelle : « J'apprends par ton frère que tu changes de métier sans nous prévenir, alors que nous nous sommes sacrifiés pour te payer de longues études. Tout cela n'aura donc servi à rien ! »

• L'engagement politique : « Ainsi, tu votes à gauche maintenant ! Et depuis quand ? »

• Le choix amoureux : « Je ne comprends pas comment tu peux vivre avec cette femme. Décidément elle a pris la première place dans ton cœur, elle est devenue plus importante que nous ! »

• L'éducation des enfants : « La prochaine fois que tu envoies tes enfants chez nous, pendant que tu vas en

Grèce, je t'avertis, je n'accepterai pas qu'ils lisent des romans policiers à leur âge ! »

• Le besoin de rappeler le lien : « Pourquoi tu ne t'es pas arrêté, dimanche dernier ? Tu n'as même pas cinq minutes pour nous maintenant. Ta sœur est venue, elle ! »

Ces remarques sont autant de fixations visant à cristalliser des demandes qui sont en fait des exigences déguisées et conduisent à l'affrontement. Or, ce dernier ne peut malheureusement pas aboutir à une vraie confrontation qui permettrait à chacun d'échanger plus souplement, de discuter et éventuellement de mieux se comprendre, à cause des tentatives de culpabilisation.

La culpabilisation est l'arme absolue des parents, surtout quand ils prennent de l'âge. Elle vise à nous rendre, nous leurs enfants, responsables de ce qu'ils ressentent, de leurs émotions, de leurs peurs et surtout de leurs insatisfactions. Les accusations commencent par une phrase banale : « Je t'ai appelé trois fois au téléphone cette semaine, tu n'es donc jamais chez toi quand on a besoin de toi ! » Autant de pointes qui stimulent et font resurgir les blessures de l'enfance, et qui nous font adopter des positions défensives, réactionnelles...

Après chacune de ces escarmouches, nous prenons des décisions irrévocables, celle de leur dire une fois pour toutes leurs quatre vérités, de ne plus les revoir, de ne pas rester au-delà de vingt minutes, de ne plus accepter d'aide de leur part (« Si tu as besoin d'argent, tu sais que tu peux compter sur nous... »), de nous libérer de notre propre attachement, compassion ou asservissement. Promesses faites à nous-même que nous ne pouvons tenir, car malgré les « pollutions » de la relation, notre attachement (ou notre dette) reste grand à leur égard et nous recommençons à accepter ce qui n'est pas loin de l'inacceptable.

Ma grand-mère disait qu'il y a un âge qui n'est jamais décrit dans les manuels de psychologie : l'âge où un enfant accepte de laisser grandir ses parents tout seuls !

S'en tenir au présent quand le futur est impossible...

Elle m'écrit. Elle m'écrit pour me dire à la fois son espérance et son chagrin. Lettre lancée dans l'espace ouvert d'une écoute envisageable ou lettre-libération, qu'importe. Celui ou celle qui écrit a besoin non seulement de se dire mais de se dépasser, d'aller au-delà de lui-même. Il réclame attention, écoute, acceptation inconditionnelle de ce qu'il vit, pour aller vers un espace de lui-même où il peut se retrouver.

Elle savait que son fils aimait les hommes, elle vient de découvrir, incrédule puis révoltée, qu'il a le sida : « En ce moment, j'ai tout froid à l'intérieur de moi, des frissons désolés me traversent, mais les retrouvailles avec lui sont gaies. C'est incroyable, mais je ris avec lui. Nos échanges et partages sont si joyeux, si vivants, tels que je n'en avais plus vécus depuis ses cinq ans. Cela fait un tiers de siècle que je m'étais coupée de lui, peut-être trop respectueuse de son indépendance, ou qu'il s'était éloigné de moi, sa mère. Ce n'est pas un enfant que je retrouve mais un homme, un homme fragilisé mais encore solide, avec un appétit de vivre que je ne lui ai jamais connu. C'est moi maintenant qui ne sais pas m'en tenir au présent, qui n'arrive pas à vivre l'instant, sans cesse habitée par ce besoin inquiet de toujours anticiper un avenir que je sens terrible, que je perçois comme dangereux et menaçant.

Alors que c'est lui qui a besoin de soutien, c'est moi qui voudrais être secourue... Je suis touchée bien au-delà de tout ce que je peux dire. Un renversement de vie, alors que j'avais enfin conquis ma liberté, que les difficultés matérielles s'aplanissaient, que je commençais à vivre vraiment pour moi, comme une femme à part entière, et voici que je redeviens mère, maman, à temps plein, totalement engagée dans la survie de mon fils, de mon petit... »

Cette mère ajoute au bas de sa lettre, comme dans un cri : « Je l'aime à en avoir le cœur qui éclate. » Et cela me renvoie à une autre lettre qu'une amie m'avait adressée à la même époque : « Sans père, sans frère, je ne connaissais des hommes que le mystère et la tentation. Puis vint mon fils... » Cela réveille aussi des échos en moi sur la responsabilité que j'éprouve vis-à-vis de mes enfants, adultes quadragénaires autonomes et engagés dans la vie, mais vis-à-vis desquels je reste en état de veille, malgré tout l'apparent détachement que je montre.

S'en tenir au présent, surtout quand il est bon à vivre, n'est pas toujours possible. Nous sommes des êtres porteurs d'une histoire dont l'écheveau n'est jamais complètement dévidé et dont de nombreux fils nous tirent souvent vers le passé, mais nous sommes aussi des rêveurs, des bâtisseurs d'avenir qui voulons mettre le futur au service de nos désirs, surtout quand celui-ci se dérobe ou que l'horizon laisse apparaître des zones d'ombre et se fait menaçant. Nous avons ainsi à naviguer au plus près de l'instant, dans un présent au présent.

Quel que soit son âge ou le nôtre, notre enfant reste un enfant tout au fond de notre cœur – n'est-ce pas la meilleure des places pour un enfant ?

L'amour, ce mal-aimé…

Depuis quelques décennies, j'ai l'intuition que l'amour est mal aimé, qu'il est maltraité et même violenté par nombre d'amoureux, autrement dit d'humains, comme vous et moi. Tout se passe comme si les forces du mal et de la violence avaient pris l'avantage sur les forces du bien et du bon. Il me semble aussi que l'on donne à l'amour une mission impossible : restaurer tous les manques, réparer toutes les blessures, combler toutes les insuffisances et faire oublier les difficultés inévitables d'un quotidien qui se construit au jour le jour, au travers d'échecs et de réussites. Je sais qu'en affirmant cela, je vais certainement étonner, irriter ceux qui ont de l'amour une vision idyllique et romanesque, que je vais peut-être renforcer des résistances chez ceux qui pensent que l'amour est quelque chose de plus simple, de moins compliqué que tout ce que je vais décrire dans les lignes qui suivent.

Je crois tout d'abord qu'il convient d'éviter de confondre l'amour avec ses avatars, les pseudo-amours que nous proposent certains, et ainsi apprendre à se respecter. Se respecter en amour, c'est déjà accepter de s'aimer, non d'un amour narcissique, égocentrique ou nombriliste, mais d'un amour bienveillant, qui a confiance en ses ressources et connaît ses limites. Ce qui permet de mieux accepter l'autre avec ses différences et de le respecter aussi.

Quand je dis « amour de l'autre », je veux parler du don d'amour, c'est-à-dire de l'amour oblatif tourné vers l'autre. Non pas de l'amour que nous demandons à autrui, ni de celui que nous tentons de lui imposer et dont nous voudrions qu'il s'émerveille et soit comblé d'en être l'objet – voire qu'il nous en soit reconnaissant ! Ni enfin de celui que nous espérons recevoir en réponse au nôtre, par réciprocité : « Puisque je t'aime, tu dois m'aimer ! »

Le don d'amour que j'évoque ici me semble être de plus en plus rare. J'écrivais que pour aimer, pour donner de l'amour, il ne suffit pas d'en avoir reçu, encore faut-il accepter de s'aimer. Cela signifie-t-il que les hommes et les femmes d'aujourd'hui ne s'aiment pas suffisamment ? Je serais tenté de le croire... Quand on est trop dans la dépendance et la survie, à la recherche d'un équilibre précaire, il est difficile de s'aimer, d'engranger suffisamment de bonnes choses pour avoir la possibilité d'offrir le meilleur de soi au meilleur de l'autre. C'est ce qui se passe aujourd'hui chez beaucoup de jeunes. Les apparences d'un confort matériel, technologique, fondé sur la consommation, masquent difficilement les angoisses, les interrogations et les souffrances du plus grand nombre. Tout n'est pas perdu bien sûr, tout n'est pas aussi catastrophique que mon propos peut le laisser entrevoir, pour peu que nous acceptions d'apprendre à aimer. Car l'amour est un ensemble de sentiments complexes qui restent dominés par l'irrationnel, l'imprévisible, l'émerveillement et la créativité, mais aussi par la souffrance, l'errance et la désespérance.

Voici quelques points de repère pour se retrouver dans le maquis complexe des sentiments amoureux. Au tout début d'une vie amoureuse, nous rencontrons le plus souvent (et cela est difficilement avouable et même acceptable, mais cela se passe ainsi) ce que j'appelle les pseudo-amours. Pour aider à les reconnaître, je vais donner à chacun un qualificatif :

- Amours fondées sur le besoin : Je lui dis « Je t'aime, mais cela veut surtout dire « Aime-moi ! Aime-moi ! ».
- Amours fondées sur la peur : Je lui crie « Je t'aime », mais cela veut dire « Ne me quitte pas ! Ne me quitte pas ! ».
- Amours fondées sur le manque : Je lui murmure « Je t'aime », mais cela veut dire « Tu dois m'aimer comme ma mère aurait dû m'aimer » ou « comme mon premier amour, celui qui m'a déçue, n'a su m'aimer ! ».
- Amours fondées sur la consommation : J'aime surtout l'amour que l'autre éprouve pour moi. Je me laisse aimer.
- Amours de remplacement : Je donne à l'aimé(e) l'amour que j'aurais voulu donner à un(e) autre qui m'a quitté ou que j'ai perdu(e)...
- Amours-écrans : ceux-ci masquent notre impuissance à aimer. Nous disons « Je t'aime », mais nous savons que l'amour est absent de nos sentiments.

Il existe encore bien d'autres pseudo-amours que chacun reconnaîtra en lui et autour de lui. Heureusement, des amours bien réels, vivaces et vivifiants sont aussi possibles. Mais pour atteindre un amour porteur d'amour, un amour de désir, un amour oblatif, un amour dans lequel nous ne sommes pas dans la demande aveugle ou le leurre, mais dans le don, il nous faudra grandir – je n'ose dire mûrir... Et pour cela il nous faudra apprendre, parfois dans la souffrance et le désarroi, à devenir autonome sur le plan affectif, développer notre capacité à nous unir, nous engager et envisager un projet de vie à deux, nous projeter dans une création commune… et songer peut-être à donner la vie pour que notre amour s'inscrive dans la durée et dans cette part d'éternité qu'on appelle un enfant.

Au travers de ces quelques balises j'ai tenté de montrer, d'une part qu'il est important de nous interroger sur la qualité de l'amour que nous proposons et recevons, et d'autre part de nous donner les moyens de rendre l'amour viable dans la durée. Ceci en acceptant de nous interroger sur notre capacité à nourrir notre amour par une relation de qualité dans laquelle chacun aura le sentiment de croître et de se respecter.

J'espère n'avoir découragé personne, ni ceux qui aiment ni ceux qui sont aimés, et avoir été entendu par tous ceux qui souhaitent accueillir et magnifier la rencontre amoureuse et la prolonger jusqu'au cœur de la vie.

Qui s'assied au fond d'un puits
pour regarder le ciel,
le trouve trop petit.

Éloge de la femme

« Je remercie non seulement le créateur et le mystère de la création – l'incroyable complexité que représente la rencontre d'un spermatozoïde et d'un ovule, mais aussi l'extraordinaire bienveillance de la vie qui, dans ses combinaisons infinies, m'a donné le sexe qui est le mien. Il m'est délicieux d'être femme, et même si cela n'a pas été toujours facile dans mon histoire, j'ose depuis quelque temps l'affirmer et en témoigner avec plus de liberté et de plaisir. Je m'en régale du matin au soir au point que, si cela m'était possible, je choisirais ce sexe dans ma vie future. Cette reconnaissance tardive de mon identité sexuelle, la rencontre vraie avec d'autres femmes, mes semblables, mes sœurs, mes doubles multiples, m'a ouverte au meilleur de moi-même. » Cette femme signe sa lettre *Femme-feu âme*.

Elle se raconte ainsi dans un courrier printanier. Je l'imagine légère et grave, primesautière et sérieuse, infatigablement vivante de 7 h le matin jusqu'à tard le soir… Je la remercie surtout pour cette liberté d'être qui rend précieuse une rencontre, même épistolaire et anonyme.

J'ai une admiration inépuisable pour les femmes, et même si les hommes s'en irritent parfois, je veux pouvoir continuer à en témoigner. Ce que je ressens est lié à la reconnaissance que j'éprouve à leur égard. Je leur suis reconnaissant de m'avoir mis au monde, élevé, donné confiance en moi quand tant de doutes me tenaillaient, de m'avoir offert le regard nécessaire pour dépasser l'apparence des choses, de m'avoir soutenu, voire dérangé, pour me permettre de conférer un sens nouveau aux évidences faciles et d'accueillir avec confiance ce que l'existence a d'imprévisible.

Je leur suis reconnaissant de m'avoir initié non seulement à l'amour, mais à la profondeur des sentiments amoureux. Et reconnaissant pour m'avoir permis de devenir père, de transmettre la vie et d'accompagner au fil des années ce cadeau de la vie que sont nos enfants. Que serais-je devenu sans eux ? Un être inachevé, tenaillé au ventre par la peur de grandir, un barbare civilisé hyperactif lancé à la conquête de quelques biens dérisoires, cherchant à s'approprier les idées des autres au lieu de découvrir combien il est plus riche et stimulant d'inventer ses propres mots...

Reconnaissant aussi pour les rencontres, les émotions, les élans et surtout les désirs qu'elles éveillent comme autant d'étoiles et de balises sur les chemins de mes attentes comme de mes offrandes, car ce sont souvent les mêmes.

Même s'il m'est arrivé quelquefois, avec une infinie nostalgie, de regretter de ne pas être né femme, le fait de reconnaître et de laisser vivre plus pleinement la part de féminitude qui m'habite me comble suffisamment pour que j'accepte de vivre pleinement ma vie d'homme.

Pour moi, la vraie misère est de ne pas être aimé d'une femme.

Difficultés et insatisfactions

La vie est pleine de miracles, mais certains jours – l'avez-vous remarqué ? –, les citrouilles restent des citrouilles.

Les violences douces du harcèlement amoureux

Dans certaines relations amoureuses tout se passe comme si le plaisir de la rencontre, le fait de s'abandonner à l'instant présent, les bienfaits du partage n'étaient pas suffisants. Comme s'il fallait en plus, non pas construire l'avenir, mais prévenir son éclatement, voire sa disparition, le contrôler pour mieux en disposer, quitte à prendre paradoxalement le risque de maltraiter le présent et de meurtrir la relation.

Ainsi en est-il du harcèlement amoureux. Dans une relation, il emprunte généralement deux directions. En amont, il donne lieu à un questionnement intrusif, avide de savoir : « Qu'est-ce que tu as vécu avant moi ? » ; « Jusqu'où as-tu été ? » ; « Que t'a-t-il (elle) apporté ? ». Dans les moments les plus inattendus apparaîtront ou resurgiront les démons de la comparaison, de l'attention intrusive, de l'imaginaire avide d'en savoir plus sur cette partie de la vie de l'autre où nous n'avions pas encore de place. Le besoin se fait impérieux d'effacer toute trace du passé, de se substituer à l'ancien compagnon (ou compagne), de brouiller les souvenirs.

En aval, le questionnement se fera câlin. Il suit généralement les moments d'abandon, la fête des corps. Il n'en sera pas moins intrusif pour autant : « Dis-moi sincèrement, qu'est-ce que je représente pour toi ? » ; « Est-ce que tu tiens vraiment à moi ? » ; « Est-ce que tu m'aimes vraiment ? ». Si l'autre se risquait à répondre « Tu deviens quelqu'un de pénible et de difficile à supporter, dont les questions me blessent », peut-être une régulation se ferait-elle. Peut-être le partenaire comprendrait-il qu'une relation amoureuse ne se nourrit pas d'inquiétudes, pas plus que de certitudes, mais d'offrandes suffisamment libres, ouvertes, pour inscrire chez l'autre le goût de la rencontre présente. Et ceci, sans comparaison avec le passé, sans anticipation ni projection dans un futur qui avance de toute façon vers l'inconnu et comporte une part d'imprévisible qui ne peut se négocier à l'avance.

À trop vouloir se protéger des risques de l'abandon, de la perte, du désamour ou du désintérêt possible de l'autre, c'est toute la relation amoureuse que l'on met en danger : « Mon amour était semblable à une poignée de sable que je tenais serrée dans ma main. Plus je serrais, plus il s'écoulait entre mes doigts impuissants. Plus je tentais de contrôler l'amour de mon amie, plus je la perdais... C'est ainsi qu'elle m'a quitté, impuissante à me faire comprendre combien mes comportements m'éloignaient d'elle... Moi qui ne rêvais que de la garder ! »

Combien de partenaires anxieux, contrôlants, possessifs déclencheront-ils ainsi ce qu'ils redoutent le plus : la fuite, le départ de l'aimé(e) ?

Quand le côté miraculeux d'une rencontre
n'est pas entamé par la peur d'une séparation,
chacun se doit de remercier l'autre
de la liberté intérieure qu'il lui offre.

Je t'aime « encore », « fort », « beaucoup »...

« Dans le "Je t'aime beaucoup", c'est le "beaucoup" qui est de trop », disait ma grand-mère, grande connaisseuse des errances de l'amour humain. Une offrande d'amour devrait se suffire d'un « Je t'aime » tout court – cela, même s'il est toujours difficile pour l'aimé(e) de savoir avec une certitude absolue ce que l'autre éprouve réellement quand il se dit aimant. C'est une des incertitudes inépuisables de l'amour.

Beaucoup vont s'écrier : « Moi, je sais qu'il m'aime. Je suis sûre que notre amour durera toute la vie » ou « Je sens qu'elle m'aime et que c'est pour toujours ! ». Mais dans ces affirmations, qui s'apparentent à des certitudes, se mêlent ce qui est de l'ordre du ressenti intime éprouvé à l'égard de l'autre, et le sentiment qu'on lui porte.

Le ressenti, lui, peut être fondé sur un ensemble de signes ayant valeur de preuves pour celui qui les reçoit ou les interprète comme tels. « Je sais qu'elle (il) m'aime » n'est cependant qu'une croyance, nourrie soit par une mythologie personnelle, soit par un ensemble de messages verbaux et infraverbaux, de conduites, d'attentions, de marques d'intérêt et de manifestations intimes à partir desquels l'aimé transforme sa croyance en certitude absolue : « Je suis sûr(e) qu'elle m'aime. » Pour lui donner plus de poids, l'ancrer profondément en lui, en faire une conviction inébranlable, l'aimé ajoute parfois : « Et je sais que moi, de toute façon, je l'aimerai toujours ! »

Une déclaration d'amour, nous le savons, peut se décliner de différentes manières qui n'ont pas le même sens, ni ne recouvrent les mêmes enjeux. Celui qui déclare « Tu sais, je t'aime aussi » entend-il réellement ce qu'il dit ? Cela peut se comprendre comme : « Tu es dans mon cœur, tu as une place (peut-être privilégiée) parmi d'autres. »

Le « Je n'aime que toi », qui contient une négation, vise paradoxalement à rassurer. Il peut s'entendre comme : « Tu n'as aucune crainte à avoir, je te privilégie entre tous (tes). » Cela suffira-t-il à rassurer et à combler les attentes de l'autre ? Je ne le crois pas.

Le « Je t'aime encore » contient les prémisses d'une incertitude inquiétante. Quant au « Je t'aime fort », il peut être une tentative de confirmation adressée à l'autre, mais aussi à soi-même... Le « Je t'aime beaucoup », pour revenir à lui, me paraît quelque peu restrictif. Il semble donner « beaucoup » alors qu'il limite et retient ce qui est peut-être l'essentiel : la part d'inconditionnalité recherchée dans tout amour. Le fameux « Je t'aimerai toujours » me semble être la projection abusive d'un désir d'infini sur un avenir limité par tout ce que la vie a d'imprévisible...

Ainsi, de déclarations d'amour en déclarations d'amour, nous découvrons progressivement que le fait d'aimer et de se sentir aimé présente un risque inévitable : nul ne sait à l'avance la durée de vie d'un amour – même si la déclaration d'amour, par son intensité et son actualité, régénère l'espoir et semble prolonger le présent dans l'avenir. Les déclarations qui précèdent visent à contenir, à masquer la somme d'inquiétudes qui accompagne tout sentiment amoureux.

En aimant, nous entretenons une immense espérance : être aimé inconditionnellement par l'autre. Nous acceptons même de ne jamais en avoir la preuve absolue, seulement la croyance – ce qui n'est pas si mal ! Quand on peut avoir cette croyance et la garder...

C'est non seulement dans les déclarations de l'autre, mais aussi dans ses comportements que nous découvrons qu'aimer et être aimé(e) ne reposent pas sur les mêmes prémisses, et ne portent pas sur les mêmes attentes.

Quand je dis « Je t'aime », je suis dans l'ordre des sentiments, les miens, ceux qui m'habitent, m'agitent, me perturbent, me dynamisent, m'enflamment ou me désespèrent et me consument ! Un « Je t'aime » qui m'est adressé me plonge dans l'ordre du ressenti, celui que j'éprouve lorsque j'entends ces mots, perçois leur tonalité, vibre à leur densité pour peu qu'ils soient énoncés à mon intention et concernent ma personne.

Le décalage subtil entre sentiment et ressenti contient tout l'espace qui sépare les doutes des espérances, les croyances des certitudes, les semblances des différences. Et c'est avec tout cela, croyances et incertitudes, confiance et doutes que nous devons apprendre à vivre la relation amoureuse.

S'il est toujours difficile de parler d'amour avec des affamés de l'amour, il est encore plus douloureux d'en parler avec ceux qui ont été déçus par lui.

J'aime même si je ne me sens pas aimée...

J'écrivais tout récemment à une amie pour lui demander sur quelle planète elle vivait ses amours, sachant qu'elle avait commencé, voilà quelques mois, une nouvelle relation amoureuse qui semblait importante pour elle. Sa réponse m'a paru si belle, si pleine d'humanitude, que je ne peux m'empêcher de vous l'offrir.

« Votre questionnement demande une réponse un peu nuancée et il se trouve que j'ai envie de vous répondre, sans doute pour mettre plus de clarté en moi. En premier lieu j'apprécie beaucoup de vivre seule. La solitude habitée par mes songes et par de multiples projets de vie et d'écriture me convient. D'autant qu'elle est entrecoupée de rencontres et de partages avec des amis proches et chers.

« Dans la relation avec l'homme que j'aime, je me sens bien, jusqu'à un certain point sensible que je m'efforce de ne pas triturer pour ne pas me faire souffrir. Je déteste souffrir, j'ai déjà donné beaucoup en ce domaine, mais je pense qu'aujourd'hui je ne suis plus douée pour cela, et qu'en plus j'ai quelques velléités pour le bonheur ! Donc, suivant certains de vos conseils, je cultive ce qui est bon, j'entretiens ce que cette relation a de savoureux et de bienveillant. Je n'avais jamais connu cela auparavant, et je m'en repais autant que je le peux.

« Ce que j'apprécie tout particulièrement avec cet homme, c'est le respect mutuel total, la simplicité de nos accords et de nos partages, l'intensité de nos rencontres, l'harmonie de nos échanges. J'ai réalisé combien il avait éveillé en moi de bonté, de créativité, combien sa présence ouvrait en moi des possibilités inespérées jusqu'alors.

« Je me nourris et m'agrandis à la chaleur de cet amour que je ressens si fort pour lui. Ce qui est susceptible de me faire souffrir est que cet homme est veuf. Il venait d'épouser, deux ans auparavant, une femme qu'il chérissait... Je trouve beau et magnifique qu'il ait pu vivre un amour aussi exceptionnel. En même temps, quand j'écoute ce que j'éprouve intérieurement et profondément, je sens bien, à travers ce qu'il me dit de lui et de son immense chagrin, que ce n'est pas moi qu'il aime, mais l'écoute que je lui offre, mon abandon et la liberté étonnante que j'ai avec lui. Je le vois, je le sens, je l'éprouve à chaque rencontre, et quand je le lui dis, il ne répond rien, parce qu'évidemment, il n'y a rien à répondre...

« Voilà où en est mon bel amour. Mais je le vivrai quand même tel qu'il est, jusqu'au bout de sa course, jusqu'à ce qu'il n'y ait plus de flammes, d'énergie, d'élan ou de rêves. J'écris cela avec quelques inquiétudes sur le devenir de cet amour, parce qu'à l'instant même, j'aimerais qu'il soit éternel.

« Il n'y a pas de chemins balisés pour se faire aimer, sinon être présent, totalement présent, entier, dans le don absolu. Il n'y a pas de recette sinon celle de pouvoir continuer à s'aimer soi-même, de pouvoir faire cohabiter harmonieusement l'amour de l'autre avec un amour de soi qui reste vivant. Je pense m'aimer suffisamment pour rester un bon compagnon en ma propre compagnie, pour ne pas maltraiter mes qualités qui sont innombrables (je ris en écrivant cela !). Pour finir je trouve que la vie est belle et je me souhaite de la voir toujours ainsi quoi qu'il arrive. À ce moment même, je ressens beaucoup de bonheur à pouvoir vous écrire tout cela, et je vous l'envoie tel quel, brillant, lumineux de cette chaleur qui m'habite. »

Ainsi, il est possible de continuer à se respecter en aimant sans se sentir aimé, en étant dans le don d'amour quand celui-ci est reçu et amplifié par la présence, l'écoute, l'ouverture de l'autre. De poursuivre une relation dans laquelle l'un est dans l'ordre du ressenti et l'autre dans celui des sentiments. En sachant que celui qui aime sera seul à nourrir, à alimenter son amour, qu'il devra puiser dans ses propres ressources pour offrir le meilleur de lui-même à l'aimé.

Vivre un amour gratuit donne une force inouïe. Gratuit dans le sens où il ne quémande pas la réciprocité, où il accepte que les sentiments de l'autre soient encore dans les limbes ou ailleurs... Quelle maturité affective faut-il pour vivre tout cela en accord avec soi-même !

Au lieu de dire « Je t'aime », à tonalité possessive, ne pourrait-on dire « Tu es aimé », bien plus généreux ?

« Il adore la télé, moi pas du tout ! »

La télévision est rarement l'occasion d'un moment de rapprochement intellectuel ou affectif dans un couple, même quand les deux conjoints partagent le même canapé !

Il y a les boulimiques de la télé, les *zappeurs* acharnés ; il y a les gourmets, les sélectifs et les *aficionados* d'émissions-cultes, et puis il y a ceux qui résistent. Ceux qui ne souhaitent pas introduire un tiers étranger, un ennemi dans l'intimité de leur vie de couple. Les choses se compliquent quand l'un adore et l'autre pas !

Les optimistes disent : « Il est mieux devant sa télé que dehors au café ou à traîner je ne sais où ! » Les pessimistes sont plus perplexes : « Mais je me demande ce que tu trouves de bien dans ce genre d'émission et ces films idiots, c'est toujours la même histoire... » Les missionnaires, eux, veulent convaincre : « Il y a mieux à faire qu'à regarder la télé ! » ; « Ce serait quand même plus intéressant de sortir, d'aller au cinéma, au théâtre, chez des amis... ». Quant aux résistants, ils se défaussent : « Chaque fois qu'il voulait regarder la télé pendant les repas, j'allais dîner au restaurant... » Une femme m'a dit : « Toutes les fois qu'il passait plus de huit heures devant sa télé pendant le week-end, je déposais

100 francs dans une cagnotte pour alimenter un projet de week-end à Venise – mais attention… pour moi seule ! » Enfin, il y a les violents. J'en connais quelques-uns : « J'ai commencé par une mise en garde : je ne souhaite pas de télé dans ma vie, si un poste arrive ici, je le vends dès le lendemain. J'ai ainsi vendu cinq postes avant qu'il ne me quitte ! Cela m'a fait réaliser que je ne faisais pas le poids, qu'il préférait se distraire avec des images qu'au contact réel de ma présence ! »

La télévision, c'est le moins que l'on puisse dire, ne favorise pas les échanges, elle introduit un tiers, pollue l'intimité, sabote les tentatives de dialogue. Elle masque souvent l'appauvrissement d'une relation, dont la vacuité, la stérilité risqueraient d'apparaître à un moment ou à un autre et pourraient déstabiliser le couple.

Quand l'un adore et que l'autre n'aime pas du tout, il leur faudra chercher ailleurs, mais ensemble, un espace d'échange et de partage où chacun pourra rejoindre l'autre dans ses affinités et son imaginaire.

L'intimité ne doit pas être confondue avec la proximité physique. Elle réside surtout dans l'abandon et la liberté d'être qui existent entre deux personnes.

Les risques de l'amour... sont surtout ceux d'une relation insatisfaisante

S'il y a des bonheurs, des étonnements, des éblouissements, des émerveillements à aimer, il y a aussi des risques, voire des impasses. Beaucoup d'obstacles et de malentendus devront être dépassés, pour pouvoir construire une relation amoureuse dans la durée. Outre l'écueil le plus évident, celui du désamour (car nul ne sait à l'avance la durée de vie d'un amour !), aller à la découverte de la réalité multiple de l'autre, qui nous paraît si proche, est toujours un risque, qui nous surprend, nous émerveille parfois, nous inquiète souvent et que nous ne maîtrisons pas toujours.

Dans un couple, nous pouvons aimer et nous sentir aimé dans la réciprocité, éprouver de la complétude dans nos sentiments et cependant nous proposer, mutuellement ou séparément, une relation qui va se révéler au quotidien pesante, aliénante, voire destructrice, car vivre dans l'intimité d'un être réveille à la fois ses anciennes blessures et les nôtres.

Beaucoup d'amoureux préfèrent ignorer qu'ils sont comme chacun d'entre nous animés d'un fond de composantes pathologiques, qu'il serait possible de reconnaître et d'accepter comme des traits de caractère un peu forts, ou comme une pathologie sans danger tant qu'il n'y a pas de débordements. Ces pathologies « normales » alimentent et dynamisent notre personnalité.

Nous avons tous des points de fixation, des ancrages marqués, des aveuglements, des trous noirs qui, du fait même de la proximité impliquée par la relation intime, vont être stimulés, se réveiller et parfois même donner lieu à des réactions inappropriées, des implosions (cataclysme interne) ou des explosions (manifestations excessives envers l'autre) qui surprennent, choquent ou blessent celui qui en est l'objet.

Si l'amour diffuse beaucoup d'énergie, s'il accroît notre tolérance, s'il élargit notre sensibilité et stimule notre dévouement et notre compassion, il peut aussi nous laisser très démunis face à des conduites et à des comportements qui étonnent à la fois celui qui les produit et celui qui les subit : « Ce jour-là, je lui ai demandé gentiment d'arrêter de tondre la pelouse, pour savourer le silence de la fin d'après-midi, l'invitant à reprendre le lendemain : et voici que sans arrêter le moteur de la tondeuse, il la projeta violemment contre le mur du jardin, arracha la vieille veste qu'il utilisait pour jardiner et sortit dans la rue sans un mot. Il rentra quelques heures plus tard, sans prononcer un mot, refusant de répondre. Il s'installa dans la chambre d'amis. Depuis ce jour-là, il dort seul, refuse d'échanger sur quoi que ce soit... Nous sommes séparés par un immense mur de silence, de violences muettes qui se sont réveillées, ce dimanche après-midi, alors que je lui demandais simplement d'arrêter de tondre la pelouse. Cela peut paraître fou ou débile, mais je découvre que je ne connais rien de cet homme avec qui je vis depuis dix ans ! »

Nous entendons bien que ce récit recouvre certainement des non-dits, et concerne des enjeux autrement plus importants que la tonte de la pelouse. Après avoir tenté en vain différentes stratégies pour renouer avec son mari, cette femme reste persuadée que son amour vaincra les silences et les refus, que ses attentions, le dévouement, la tendresse qu'elle s'apprête à manifester sans relâche, sans se décourager, finiront par modifier le comportement de son mari, le « feront redevenir comme avant »...

Pour ma part j'en doute. Car la réaction de cet homme illustre l'un des risques les plus surprenants de l'amour : l'accumulation de déceptions, de frustrations, de malentendus inhérents à la vie commune, réveille des pathologies latentes chez l'un qui sont souvent stimulées par les composantes pathologiques de l'autre, et que l'amour ne permet pas de dépasser car elles sont trop anciennes et profondes. En ce sens, il ne suffit pas d'avoir su nourrir et vivifier l'amour et la relation à l'autre, par une communication et une mise en commun dynamique, créative ou bienveillante de ce que nous vivions, pour éviter les dérives de chacun – ces dérives sont toujours possibles... Et quand deux « pathologies » antagonistes sont amenées à se confronter, la relation est fortement menacée... et chacun des protagonistes se trouvera démuni et impuissant, désespéré et angoissé, s'il n'envisage pas un travail sur lui.

Entre la rage suscitée par l'espoir que l'autre, tous les autres, vont changer, évoluer, et la certitude aveuglante que tout est joué bien avant la rencontre, nous avons à naviguer avec constance au plus près du meilleur de nous-même.

« Tu préfères tes copains ! »

C'est souvent une femme qui adresse ce reproche à son mari ou à son compagnon de vie : « Tu préfères tes copains à ma compagnie, à ta famille ! » ; « Pour toi les autres comptent plus que moi... ». L'homme peut réagir de la même manière : « Je vois bien que je t'intéresse moins que ta copine Noémie. Avec elle tu ris tout le temps, et surtout, tu n'es jamais pressée ! »

Dans certains couples, la relation la plus significative n'est pas forcément celle qui est montrée, celle qui lie à l'époux. Des passions et des relations fortement ancrées existent parfois avant le mariage, et elles risquent d'entrer en concurrence avec la relation conjugale. Untel est un passionné de voile, de montagne ou de golf et subordonne tous ses autres engagements à son sport favori. Tel ami intime (ou amie) reçoit les confidences en priorité, passant avant le conjoint : « Tu as besoin de moi, ne t'inquiète pas, je passe un manteau et j'arrive ! »

Il arrive aussi qu'un animal occupe la première place dans les soins, l'attention, la présence du partenaire. Un ami me disait : « Je ne viens qu'en troisième position dans les amours de ma compagne : en premier, son cheval, en deuxième, son chien, et puis moi ! » Il ajouta en riant : « Il est vrai que j'ai beaucoup moins besoin de soins et d'attentions qu'eux ! »

Quand l'accusation est lancée, « Tu préfères tes copains ! », celui qui accuse se met sur le même plan que l'activité ou les amis qui accaparent son conjoint, comme s'il s'agissait de choses comparables. Or, il n'a pas à se comparer ainsi car la voile, le golf ou le copain d'enfance relèvent d'autres types d'investissements relationnels, et sont la plupart du temps cloisonnés chez celui qui les vit. Ce dernier pourrait ainsi dire : « Quand je suis sur mon bateau, je ne t'enlève rien, c'est un aspect de moi qui n'existe que là. Quand je reviens vers toi, je reviens souvent avec quelque chose de plus, qui n'existerait pas si je n'étais pas parti en mer quelques jours ! » La femme pourrait également soutenir : « Quand je suis avec ma copine, c'est toute une partie de moi qui vit et qui n'existerait pas sans elle. Je ne te prive de rien, au contraire, quand je reviens vers toi, je suis plus entière, plus moi-même. » Chacun pourrait découvrir qu'il est gagnant par rapport à une activité tierce qui semble beaucoup mobiliser son partenaire, car elle le dynamise aussi, mais à condition qu'il ne la combatte pas ou ne rivalise pas directement avec elle !

Mais tout ceci ne résiste pas quand l'un des partenaires doute de lui, est anxieux et possessif. Dans ce cas, il fera la guerre aux amis, aux passions, à tout ce qu'il ressentira comme un obstacle, une rivalité. Il entretiendra ainsi des conflits et, paradoxalement, poussera encore plus son conjoint vers ce qu'il redoute : sa passion pour la voile, la montagne, ses amis – ce qui créera une distance encore plus grande entre eux !

À l'aimé, certains présentent leur souffrance et leur mal-être comme une preuve d'amour.

« Mon mari confond amour et appropriation »

La lettre de cette femme commence par un cri de révolte et se poursuit par un appel pressant à l'intention de l'homme qu'elle aime. Il ne sait pas encore qu'il risque de la perdre s'il ne change pas de comportement et d'attitude, s'il n'accepte pas de faire *un travail sur lui,* pour mieux entendre l'angoisse et la panique qui le mobilisent dès que sa femme exprime un désir différent du sien ; s'il ne peut accepter la différenciation, la *défusion* quand elle fait un projet qui lui est propre ou introduit une distance.

« Au début de notre relation, c'était merveilleux, écrit-elle. Je me sentais désirée, recherchée, protégée et la fusion qu'il me proposait me paraissait un idéal de vie. Ne faire qu'un avec lui, me fondre à ses attentes pour le remercier de toutes ses attentions. Faire tout ensemble, passer tout mon temps libre avec lui, dans un nous indifférencié, tout cela me convenait tout à fait. C'est avec l'arrivée de mon deuxième enfant que j'ai commencé à trouver notre relation plus pesante, plus crispante… Totalement investie par eux, je ressentais les demandes de mon mari comme excessives, voire injustes. Je n'avais plus aucun espace pour moi. Occupée à répondre, à combler les désirs de tout mon entourage, j'avais le sentiment que mes propres désirs n'avaient aucune valeur, se dévitalisaient, n'existaient plus.

« Quand j'ai exprimé le simple souhait de sortir seule un soir, j'ai eu l'impression de déclencher une tempête... Ce qui m'a le plus blessée c'est la réaction disqualifiante et infantilisante de mon mari : "Alors je ne te suffis plus, tu ne m'aimes plus ?" Comme si en allant au cinéma seule ou avec une copine, je le trompais !

« Je ne savais comment lui dire que mes sentiments étaient restés intacts, aussi forts, aussi amoureux qu'au début, et qu'ils lui étaient toujours adressés. Je ne savais pas exprimer clairement que ma tentative pour me retrouver moi-même n'avait pas à voir avec l'amour que je lui portais, mais avec notre mode de relation qui était devenu mortifère et qui se délitait inexorablement. Ce qui était en jeu entre nous n'était pas d'aimer plus ou moins, mais concernait le modèle qu'il me proposait, que j'avais accepté jusqu'alors mais remettais en cause à présent. Ce modèle ne correspondait plus à mes attentes, à mes besoins, à mes aspirations profondes.

« J'aurais voulu pouvoir lui faire entendre qu'il fallait rééquilibrer notre relation en ménageant des temps de vie en commun et des temps de vie personnelle. Que j'avais le sentiment, en quelques années de vie commune, de m'être infantilisée, d'avoir perdu toute autonomie et la capacité de prendre des décisions pour moi seule.

« Mais à l'inverse de ce que je souhaitais, un processus pervers se mit en place entre nous. Face à mon souhait de disposer d'espaces de temps à moi, mon mari redoubla d'attentions, de propositions, de projets. Il tenta même d'exercer un contrôle de plus en plus serré sur mes activités, voire sur mes pensées et mes sentiments. Cela fut pénible, humiliant. Il surveillait mes allées et venues, cherchant des preuves de ce qu'il imaginait, estimant que si je n'étais pas disponible pour l'une ou l'autre de ses propositions, c'est que je l'aimais moins, que je n'étais plus la même... Je n'étais plus "sa chose" et cela lui paraissait insupportable, inacceptable. Je pourrais résumer son leitmotiv : "Redeviens comme avant, reviens dans la fusion, ne te différencie pas de moi, reste semblable à l'image que j'ai de toi..."

« Je ne sais comment l'aider tout en me respectant. Comment lui faire prendre conscience qu'il est l'artisan principal de son malaise et, sinon d'une séparation immédiate, d'une cassure que je sens inévitable si ses comportements actuels persistent. Je vis comme douloureuse et injuste pour moi ce qu'est devenue notre relation, car elle ne correspond plus à mon choix de vie. Je sens que ma prise de distance à l'intérieur du couple est vitale et nécessaire si je veux sauvegarder mon intégrité, au point que je me sens prête à perdre mon mari, même si cela me fait peur, s'il n'accepte pas mon changement. »

Je me contente d'apporter le témoignage de cette lettre, en songeant qu'un jour, il y a très longtemps, à un moment de notre relation conjugale, mon épouse aurait pu l'écrire... Je peux dire aussi que cette situation reflète une des crises existentielles les plus vitales dans la vie d'un couple : le difficile passage du *Un* que forment deux êtres unis dans un Nous fusionnel très fermé, au *Deux* composé de deux Je appelés à former une composition à trois termes : l'autre, soi, et la relation.

« Aimer, c'est prendre soin de la solitude de l'autre, sans jamais prétendre la combler ni même la connaître. »

CHRISTIAN BOBIN

À propos du « biberon relationnel »

Comme enfant surtout, puis plus tard comme adulte, outre les nourritures matérielles, nous avons besoin et nous recevons des nourritures affectives et relationnelles. Pour cette raison, nous devons apprendre à « digérer » à la fois les marques d'amour et les attentions mais aussi les commentaires, les remarques, les jugements de valeur qui nous sont adressés par les personnes significatives de notre entourage. Ces mots, ces phrases s'apparentent à des messages qui s'inscrivent plus ou moins profondément et durablement en nous, suivant le stade de développement où nous en sommes, et l'accueil que nous leur réservons en fonction de notre sensibilité du moment.

J'appelle « biberon relationnel » l'ensemble des messages reçus qui marquent, d'une part la relation à notre imaginaire, et d'autre part l'ensemble de notre relation au monde. Le biberon relationnel rempli par nos parents contient des messages d'une étonnante variété, ou au contraire centrés autour de quelques énoncés répétitifs dont le contenu sera plus ou moins digeste, absorbé ou rejeté. En voici quelques exemples :

• Messages de mise en garde, de méfiance : « Méfie-toi des hommes, ils ne pensent qu'à ça ! » ; « On ne peut faire confiance à l'amour d'une femme, ce sont celles qui t'aiment qui vont te trahir en premier ! » ; « Avec les étrangers, méfiance, méfiance, on ne sait jamais ce qu'ils ont dans la tête, ni comment ils ont été élevés ».

• Messages de valorisation : « Toi, tu iras loin, intelligent et têtu comme tu es ! » ; « On peut lui faire confiance, quand il a donné sa parole, c'est pour toujours ».

• Messages s'apparentant à des jugements : « C'est bien le fils de son père, quand il a commencé quelque chose, il ne le termine jamais ! » ; « Si tu continues comme ça, tu te retrouveras enceinte sans même le savoir… » ; « Il faut qu'il ait toujours raison, il ne supporte pas d'avoir tort. Ils sont tous comme ça dans la famille de mon mari ».

Ainsi, chacun de nous sera-t-il marqué, parfois même conditionné, par la qualité positive ou négative du contenu de son biberon relationnel. Les enfants qui reçoivent des messages différents ou ambigus de la part de leurs parents peuvent réagir par le refus, le rejet ou la révolte. Certains se soumettront, d'autres les intégreront et en tireront profit.

Certaines contradictions produites par des discordances dans ces messages pèseront lourd, plus tard, dans les relations entre hommes et femmes.

Un bon communicateur est surtout un passeur d'émotions, de liberté, de rires et de larmes. Il est aussi un transmetteur de rêves, un stimulateur d'interrogations.

Résister au harcèlement moral et s'opposer au terrorisme relationnel

Quand nous sommes l'objet d'un harcèlement moral tel qu'en a parlé M.-F. Hirigoyen, la plupart d'entre nous sommes démunis. Le harcèlement moral au travail peut se définir comme toute action (geste, parole, attitude, comportement) qui porte atteinte, par sa répétition ou sa gravité, à la dignité, à l'intégrité psychique ou physique de la personne qui en est la cible.

Le harcèlement moral ne sévit pas que dans le monde du travail : il peut s'exercer dans l'univers conjugal, familial, dans les rapports de voisinage. Dans ce dernier cas, il ne doit pas être confondu avec des nuisances matérielles repérables : tel voisin qui vous insulte verbalement, fait du bruit, vide ses détritus par-dessus votre haie ou gare sa voiture devant votre garage.

Dans un cas de harcèlement moral, il est non seulement difficile de faire face seul, mais aussi de faire évoluer la situation. La violence est souvent indirecte, de caractère pervers, et déclenche des réactions excessives chez celui qui en est l'objet.

Pour s'en défendre, la personne peut minimiser la gravité de la situation, s'anesthésier même. Mais cela l'obligera à dépenser encore plus d'énergie pour faire face à ses engagements, si bien qu'au bout de quelques mois, les résistances de son organisme seront épuisées. Elle se retrouve alors en plein désarroi. La personne qui fait l'objet d'un harcèlement moral a le sentiment que quoi qu'elle fasse, elle a tort, que quoi qu'elle dise, elle est coupable. Peuvent suivre des états dépressifs, qui risquent de conduire au repli sur soi, à une solitude insupportable, voire au suicide.

Chez les sujets plus impulsifs, la compensation s'exprimera sur un mode davantage réactionnel ou caractériel, voire par des passages à l'acte : explosion à propos d'une broutille, crises de nerfs en public, esclandre, violence envers l'agresseur, cela sans que la personne puisse toujours dire clairement comment elle a été agressée.

Ce qu'il faut dire, c'est que le harcèlement moral a fondamentalement le même moteur que le harcèlement sexuel : il vise à humilier l'autre, à le diminuer, voire à l'asservir et à le nier comme sujet.

L'intervention d'un tiers en position d'autorité sera le plus souvent nécessaire pour limiter ou mettre fin au harcèlement moral. Un soutien collectif, un mouvement de solidarité visant à libérer la personne de son isolement sera parfois très apprécié.

Sur le plan personnel, trouver la bonne distance afin de ne plus accorder d'importance aux paroles et aux insinuations de l'agresseur exige une vigilance de tous les instants. L'humour ne suffit pas pour relativiser la malveillance et les méfaits des pervers. Qui plus est, il nous fait souvent défaut quand nous nous retrouvons seul. Une telle situation nous obligera à puiser dans nos ressources profondes.

À trop trahir ses rêves,
c'est la vie qu'on assassine.

On ne peut changer l'autre, mais on peut changer sa relation à l'autre !

Dans les relations proches, intimes, de couple ou familiales, comme dans les relations sociales et professionnelles, nous avons souvent la tentation de changer l'autre. Cela ne s'exprime pas à la manière d'une demande, mais le plus souvent sous forme de reproches : « Tu devrais m'écouter plus souvent, tu n'es jamais là quand j'ai besoin de toi. Si tu étais plus présent à la maison, les enfants ne feraient pas de bêtises dans la rue. »

Ce désir de changer l'autre est ce qui s'impose à nous quand quelque chose ne va pas. Quand l'autre nous irrite, nous gêne, ne nous satisfait plus : « Il (elle) n'a qu'à changer, comme ça tout irait mieux ! », pensons-nous. Nous avons ainsi tendance à croire que les choses seraient plus simples ou plus faciles si l'autre... n'était pas ce qu'il est ! Qui plus est, s'il changeait, nous n'aurions pas à le faire ! En fait, nous cherchons ainsi à faire l'économie de notre propre changement. Mais cette façon de procéder nous coûte cher, nous demande beaucoup d'énergie et surtout ne modifie nullement la situation qui perdure, donnant lieu aux mêmes plaintes, aux mêmes malaises. Par ailleurs, même si l'autre s'adapte pour nous faire plaisir ou diminuer la tension relationnelle, il est vraisemblable qu'il reprendra rapidement ses anciens modes de comportement.

Nous pourrions par contre changer notre relation à l'autre et dire : « Là où autrefois, je te critiquais, je peux aujourd'hui, sans t'adresser de reproches ni t'accuser, te faire part de ce que je ressens et de ce que je pense, t'exprimer mon point de vue » ou « J'ai appris à parler de moi, de ce que je vis, plutôt que de t'en vouloir d'être ce que tu es », ou encore « C'est à moi de me donner les moyens de me faire entendre si tu ne réponds pas positivement à mes attentes ».

Rappelons-nous que nous sommes toujours trois dans un échange : chacun des partenaires et la relation – une relation que je symbolise quant à moi par une écharpe reliant plus ou moins souplement deux êtres. Habituellement, nous tentons d'influencer l'autre, oubliant que nous pouvons modifier au moins deux choses importantes en ce qui nous concerne : arrêter de critiquer l'autre, de l'accuser, voire de l'attaquer, c'est-à-dire de le mettre sans cesse en cause, et oser dire ce que nous éprouvons et vivons dans une situation donnée en témoignant de notre vécu, de nos émotions, de notre sensibilité, c'est-à-dire accepter de nous exprimer et de nous mettre en cause devant l'autre.

L'enjeu de toute relation
n'est pas seulement de se comprendre,
mais surtout de faire cohabiter
des différences.

Vers la séparation

Les contretemps sont des attentes bercées de trop d'impatience.

Les doutes en amour

Ils font partie de toute vie amoureuse. À l'ombre des émerveillements, au plus proche des éblouissements partagés, au cœur même de l'amour, ils sont là, présents, discrets ou plus voyants, exprimés ou tus dans l'agitation ou le silence qu'impose la souffrance ou le désarroi causé par l'incompréhension. Ils prennent souvent la forme d'un questionnement intime à propos de l'autre : « S'il m'aimait vraiment, se comporterait-il (elle) comme cela ? »

Le doute d'amour surgit sans prévenir. Il peut être balbutié avec timidité ou pudeur, mais il peut aussi envahir rapidement tout l'espace de notre cœur, et toutes les strates de notre être et de notre vie. En ce cas, il peut déboucher sur une rupture. Quand l'amour se mue en souffrance, il nous déstabilise et nous plonge dans les interrogations les plus pernicieuses. La veille encore tout était possible, l'avenir immense et sans interrogations. L'amour était là immuable, présent, lumineux, et quelques instants ou quelques jours plus tard, l'aimé nous dit : « C'est fini » ou, pire, « Je pars ». Bientôt, il n'est plus là, il est parti.

Si nous adoptons une position de victime (il peut nous arriver de nous y complaire), l'enfer risque de commencer. Le doute devient chagrin, se transforme en désespoir, en colère, en accusations adressées à l'autre ou en disqualifications de soi.

Les doutes, comme les chagrins d'amour, ont de nombreux visages et surtout de multiples façons de se révéler. Ils peuvent commencer par une inquiétude, une interrogation nouvelle qui surgit et nous taraude : « M'aime-t-elle toujours ? » ; « Suis-je l'homme (la femme) de sa vie ? » ; « Il me semble qu'il (elle) a changé ces derniers temps ! ». Les doutes peuvent aussi s'installer à la suite d'une déception, d'une désidéalisation de l'autre produite par la confrontation avec la réalité de la vie au quotidien. Quand la réalité blesse notre imaginaire et mine, dévitalise et parfois même assassine nos rêves, le chagrin d'amour, qui succédera aux doutes, n'est pas loin !

La dynamique de Barbe-Bleue
peut s'énoncer ainsi :
Je cherche désespérément à voir
ce que je ne veux pas savoir, mais
je veux savoir ce que je ne peux voir.

Les chagrins d'amour...

Ils surgissent sans prévenir. Ils envahissent soudain tout l'espace de notre cœur. Bien sûr, il y a les petits et les grands chagrins d'amour. Les petits sont semblables à des courants d'air qui aèrent la relation, la dynamisent parfois. Petits cailloux blancs sur le fil étroit d'une rencontre, ils sont capables, quand ils ne sont pas dévastateurs, de nourrir, de stimuler, de maintenir la *vivance* de l'amour. Tels la pluie ou les nuages qui cachent le soleil, ils s'évaporeront à l'occasion d'un échange, d'un geste, d'un regard plus tendre... Jalons éphémères, dans les errances d'une relation qui se cherche.

Mais il existe aussi des chagrins plus incisifs qui éclatent quand la réalité de l'un blesse l'imaginaire de l'autre. Souvent, nous inventons notre amour bien avant de le rencontrer. De fait, nous avons tous une représentation de ce que devrait être l'amour. Représentation à laquelle nous tenons... beaucoup. Et la relation, si elle s'établit, va confronter notre représentation à la réalité de l'autre, nos attentes et nos sentiments à ceux de l'aimé(e).

Les chagrins de l'amour ont de multiples langages pour se dire et se taire. Mais le chagrin le plus violent, le plus terrible vient de la désertion de l'amour. L'amour était là, ensoleillé et généreux, et un matin, il n'est plus là. Le gris et le froid, le mesquin et le vide nous habitent.

Chagrin violent aussi quand l'aimé(e), qui était jusqu'à présent tout proche, s'absente, quand il est ailleurs, déjà loin. Quand il ne donne plus vie aux signes de vie. Alors un pincement au cœur, un fil invisible nous serre à la gorge, nous rappelle la fragilité de l'amour, l'inconstance du sentiment... La veille encore nous riions ensemble, nos lèvres esquissaient des projets, nos mains se cherchaient et aujourd'hui ressemblait à toujours. Et quelques instants plus tard, dans un aujourd'hui catastrophe, l'autre nous dit : « C'est fini, je ne t'aime plus. Je pars, je te quitte. Je n'ai plus rien à faire avec toi. »

Nous transformer en victime éperdue, blessée à mort, ou en revendicateur, voire en accusateur ou en juge, est une possibilité. Nous en appelons alors à la sincérité de nos sentiments, à notre fidélité : « Après tout ce que j'ai fait pour toi... » nous arrive-t-il de dire. Nous pouvons rappeler les engagements pris et nous enfermer dans le ressentiment et la rancœur. Nous pouvons aussi surmonter notre incrédulité et notre incompréhension, et proposer écoute et assistance à celui qui nous quitte afin qu'il le fasse sans se sentir coupable... Mais le chagrin nous rattrapera vite et nous meurtrira le cœur et le ventre. Nous pouvons enfin, tel un animal blessé, fuir et nous perdre dans la solitude.

Mais nous pouvons aussi nous responsabiliser et, tout en honorant nos sentiments, même si l'autre s'est détourné de nous, accepter de renoncer à la relation qui nous paraissait si vitale, et la transformer en souvenir vivifiant jusqu'aux soirs de l'oubli.

J'aime que tu me refuses ce que je t'offre...
quand ce n'est pas bon pour toi.

« Je ne veux pas que tu me quittes, je ne pourrai pas vivre sans toi ! »

La personne qui tient de tels propos tente en général de retenir, de peser sur la décision de celle (ou de celui) qui envisage de mettre un terme à la relation, de rompre la liaison ou la vie de couple.

Prétendant « ne pouvoir se passer de l'autre » et se disant dépendante de sa présence, elle risque de se comporter comme un redoutable tyran voulant dicter à l'autre les comportements et les conduites qui lui conviennent et le phagocyter en s'appropriant une partie de ses ressources vitales. Ainsi, certains conjoints non seulement s'attachent, mais attachent l'autre pour qu'il réponde à leurs besoins, désirs et attentes : « Si tu n'étais pas là, je ne sais pas ce que je deviendrais, heureusement que je t'ai. » Nous allons voir que ce type de relation fondé sur l'avoir a quelque chose de terrorisant pour celui qui en est l'objet.

Commencer une relation amoureuse par la prémisse « Je ne peux pas vivre sans toi » peut être perçu comme une magnifique déclaration d'amour, mais peut aussi s'entendre comme une mainmise sur l'autre. Car c'est faire peser sur l'heureux élu le poids d'une mission redoutable qui se laisserait énoncer comme suit : « Puisque je te rends responsable de ma vie, tu dois à jamais rester lié à moi. »

De cette façon, d'autres conjoints tentent de prendre une assurance sur la pérennité de la relation. Ce qui est redouté, c'est la séparation parce qu'elle est vécue comme un abandon, une trahison, un rejet et donc, dans de nombreux cas, comme une dévalorisation de soi : « S'il (elle) me quitte, c'est que je ne le (la) méritais pas, que je suis nul, que je ne vaux rien... »

Pour certains, et ce sont les plus redoutables, l'éloignement ou la séparation sont ressentis comme une dépossession : « Tu m'appartiens, tu n'as donc pas le droit de partir. » Ceux-là feront une guerre impitoyable à celui qui tente de s'éloigner, de mettre une distance, de desserrer un peu l'étau de la relation fusionnelle, voire de la quitter. Ils ne peuvent pas concevoir une séparation car ils la vivent comme une dépossession intolérable. Pour cette raison, ils iront parfois jusqu'à souhaiter enlever la vie à leur partenaire en se disant : « Comme ça il n'appartiendra à personne d'autre ! »

Si au début d'une relation amoureuse l'autre veut vous laisser croire qu'il a besoin de vous pour vivre, il est urgent de vous éloigner et de trouver la bonne distance, pour ne pas le laisser dans cette illusion et risquer ainsi d'entretenir une relation d'asservissement mutuel !

L'amour fait se rencontrer et se heurter deux plaisirs essentiels mais contraires : le plaisir de s'attacher et le plaisir d'être libre.

L'attachement et ses excès

Certaines histoires d'amour commencent par de l'amour et se terminent par de l'attachement, ce qui n'est pas tout à fait la même chose : l'amour est de l'ordre des sentiments, l'attachement caractérise la relation.

Mais je veux parler ici d'une autre forme d'attachement qui peut s'avérer particulièrement pénible pour les deux protagonistes tant elle peut devenir pesante, oppressante même. Pour la comprendre, il faut avant tout dépasser la confusion que nous faisons souvent quand nous pensons à la personne qui s'attache – de qui parlons-nous : d'un partenaire qui dépend de l'autre au sens où il a *besoin* de lui, de sa présence et de son attention de manière quasi constante ? Ou d'un partenaire qui est naturellement attaché par amour, mais qui se sent progressivement contraint et envahi par l'attachement excessif de l'autre ? Et qui risque donc de se sentir attaché, au sens de séquestré…

Le problème est que le langage courant nous offre la même expression pour désigner l'une et l'autre situation : *celui qui est attaché* et *celui qui attache*. Or, il existe bien un *attachant* au sens actif de celui qui « attache l'autre », qui s'arrange pour lier la vie de l'autre à la sienne, et un *attaché* au sens de celui qui, au-delà de son amour, « se sent lié » par les demandes du premier, prisonnier en quelque sorte.

Tout au début d'une relation affective ou amoureuse, celui dont l'ego est important peut se sentir flatté de voir combien sa compagne (son compagnon) *tient à lui,* et avoir le sentiment d'être essentiel, vital, pour son partenaire. Mais par la suite, devenu l'objet (et non le sujet) d'un tel attachement qui lui paraît de plus en plus excessif, il peut en éprouver un malaise, une sensation de contrainte, voire d'étouffement. Qui plus est, il risque de devoir faire face à des réactions de l'autre qui seront de plus en plus difficiles à gérer, lorsque lui-même tentera de trouver la bonne distance. J'entendais récemment une femme témoigner de ce qu'elle vit dans une situation conjugale : « Depuis qu'il est à la retraite, mon mari ne me quitte plus d'un pas. Il me suit partout, y compris quand je pars étendre du linge dans le jardin. Il ne m'aide pas pour autant. Il est là, me regardant, attendant que j'aie fini, pour revenir s'asseoir dans la maison, tout près de moi. Tout cela m'asphyxie, je ne le supporte plus. Il me dit qu'il tient à moi. Il fait plus que tenir, il s'accroche ! » C'est toute la différence entre l'amour offert et l'amour exigé.

Trouver la bonne distance pour celui qui se sent attaché consistera non seulement à se protéger et à se prémunir de la pollution relationnelle imposée par celui qui tente de l'attacher, mais aussi à ne pas se laisser entraîner dans la culpabilisation que ce dernier n'hésitera pas à utiliser. Ce sera aussi se réserver un espace et un temps pour des relations plus toniques, plus vivaces et plus vivifiantes, afin justement de sauvegarder la relation principale qui autrement risque d'être en danger !

**Faites en sorte que votre amour-fusion,
au sens d'embrasement et non de symbiose,
signifie profusion et non confusion.**

Courage, fuyons...

Les femmes s'en plaignent, s'en offusquent, et même s'en trouvent profondément blessées, quand elles découvrent l'incertitude, la vacuité ou la fragilité de la position de l'autre.

Quand elles sont amoureuses, au-delà d'une relation de rencontre, elles souhaitent le plus souvent une relation de continuité dans la durée. Certains hommes (beaucoup, d'après une rumeur féminine), mis en demeure de s'engager, se dérobent, éludent ou fuient. Ils fuient parfois sans un mot, sans un signe. Les plus courageux laissent un message sur le répondeur ou une lettre très courte qui se résume à quelques mots évasifs : « Je ne peux plus continuer avec toi, ne cherche pas à me revoir, ne m'appelle pas, c'est fini entre nous. » Certains éprouvent le besoin de se justifier : « Je t'aime mais j'ai compris que nous n'étions pas faits l'un pour l'autre, aussi je préfère te quitter », ou « Je ne veux pas te faire souffrir, c'est mieux comme ça... », ou encore « Je ne me sens pas prêt pour une vie de couple, je suis bien avec toi, mais seulement quand on se voit (ils pourraient ajouter – à dose homéopathique !) ».

Au-delà de la rencontre amoureuse et d'un partage de plaisir, beaucoup de femmes anticipent l'avenir et souhaitent inscrire une relation qui leur paraît bonne dans la durée. Cela signifie, avec un projet de vie en commun, un partage de territoire, la projection envisageable, sur l'avenir, d'un bonheur à deux tel que la construction éventuelle d'une famille avec un premier enfant...

Si leurs sentiments sont là, présents et s'ils sont perçus par l'autre, si elles se sentent suffisamment désengagées d'une relation ou d'un amour passé, si elles apprécient la disponibilité de leur partenaire actuel, et surtout si les rencontres se passent bien avec leur nouveau compagnon, alors elles veulent prolonger ce bon, s'appuyer dessus pour le renforcer, l'étoffer par une relation qui aille au-delà de la rencontre. Pour cette raison, elles attendent une prise de position, une affirmation ou un engagement plus clair de la part de l'autre.

Il semble que pour beaucoup d'hommes la dynamique soit différente. Il y a ceux qui, fraîchement « libérés » d'une relation conjugale ou de compagnonnage, veulent « respirer », ne pas s'engager trop vite, ceux qui sont surtout habités par la peur de « se faire avoir », qui refusent de se sentir à nouveau enfermés, contraints, et qui veulent en rester au stade de la rencontre légère, avec des projets à court terme, sans autre rêve pour l'avenir que d'être bien dans l'instant.

Il y a aussi ceux qui restent accrochés à la mère de leurs enfants, dont ils sont séparés mais qui reste importante pour eux. Ils entretiennent l'espoir qu'elle pourrait revenir sur sa décision, surtout si c'est elle qui a demandé le divorce ou la séparation.

Il y a enfin les esthètes, les gourmets, qui pensent qu'une, ce n'est pas assez quand on peut « en avoir » plusieurs, qui préfèrent se laisser aimer, qui goûtent au plaisir (nouveau) d'être recherchés, désirés, attendus et qui ne sont pas sûrs qu'une vie en couple plus structurée prolongera longtemps cet état qui leur paraît idyllique !

La persistance, chez beaucoup d'hommes, de mécanismes de fuite s'accompagnant souvent du refus d'affronter une clarification, de la peur de « se faire récupérer », ou simplement d'avoir à s'exprimer, à énoncer leurs sentiments réels, sitôt que leur compagne leur adresse une demande plus précise, reste tout de même étonnante. Les expressions les plus courantes sont traversées d'ambivalence : « Je t'aime, mais... » ; « Je tiens à toi, mais... » ; « J'ai envie de vivre avec toi, mais... ».

Certains éprouvent aussi de la difficulté à oser reconnaître et dire qu'ils ne sont pas toujours dans l'ordre des sentiments amoureux mais dans celui d'un ressenti à l'égard de l'autre, agréable, bienveillant, fait de plaisir, de confiance et d'abandon, et que cela leur suffit !

Le décalage entre le registre des sentiments (dominant chez les femmes) et celui du ressenti immédiat (plutôt privilégié par les hommes) illustre la difficulté d'un engagement recherché par les femmes mais fui par les hommes, et l'incapacité fréquente de ces derniers à construire une relation durable… dans la mutualité.

Certains hommes ont au ventre une peur violente et terrifiante d'être aimés. Ils se répètent sans cesse que « pour ne pas souffrir dans une relation amoureuse, il faut être celui qui aime le moins » !

« Que puis-je faire avec un homme qui ne sait pas faire de choix ? »

Dans la question de la femme qui m'interpelle ainsi, j'entends surtout qu'il s'agit d'un homme pris entre deux relations ou différents centres d'intérêt ; qui se sent bien dans une relation de rencontre mais ne veut pas s'engager, car il ne veut pas faire le choix d'une relation stable, de longue durée, supposant à la fois engagement affectif et engagement de vie.

De fait, il existe des hommes (mais aussi des femmes) qui ne peuvent pas faire de choix amoureux. Différentes raisons les en empêchent :

• Le doute, l'incertitude : « Est-ce bien cette femme que j'aime ? Et si je me trompais ? Si demain je rencontrais la femme de ma vie, il sera trop tard… »

• La peur de l'attachement, de devenir dépendant : « Je ne veux pas avoir mal si un jour elle me quitte. Une femme à laquelle je tenais m'a fait le coup lorsque j'avais vingt-six ans ! »

• Le narcissisme et l'égocentrisme : « Pourquoi me laisser "avoir" par une, si je peux en "avoir" plusieurs ! »

• Un autre engagement ailleurs : certains hommes, parallèlement à une nouvelle relation, ont une relation principale qui reste profondément significative.

• L'absence de sentiment amoureux : l'homme se sent bien avec cette femme (niveau du ressenti), mais n'éprouve pas d'amour pour elle (niveau des sentiments) : « Je recherche sa présence parce que je me sens à l'aise et en confiance avec elle, mais je ne suis pas amoureux. »

La femme qui me pose la question s'interroge en fait sur l'autre plutôt que sur elle-même : « Pourquoi mon amant ne fait-il pas le choix de vivre avec moi, alors qu'il me dit qu'il tient à moi, qu'il a du plaisir, que je suis importante pour lui ? » Ce faisant, elle risque de faire une impasse sur sa propre position : « Qu'est-ce qui fait que je reste dans une relation qui ne me satisfait pas ? dans laquelle je sens que mon partenaire ne s'engage pas réellement ? Est-ce que j'espère que mon amour, mes attentions, ma disponibilité finiront par le convaincre de se lier plus durablement à moi ? » Se posera pour cette femme la question des bénéfices secondaires qu'offre malgré tout la relation qui lui impose par ailleurs des frustrations, voire lui donne le sentiment d'un échec permanent.

Et que dire d'une femme qui reste dans une relation laissée en suspens parce qu'elle espère le changement… de l'autre ? C'est comme si elle disait aux yeux de tout son entourage : « N'est-ce pas que je suis une femme fidèle, dévouée, extraordinaire de rester avec quelqu'un qui ne m'aime pas suffisamment pour me choisir ? »

Tout amour navigue au plus près entre dépendance et attachement, au plus loin entre liberté et solitude.

L'infidélité

L'infidélité est souvent confondue avec l'adultère, c'est-à-dire avec le fait d'avoir une relation sexuelle tierce alors que l'on est déjà engagé dans une relation amoureuse principale ou de couple. Mais l'infidélité du cœur qui laisse croire à l'autre que nous l'aimons alors que nous nous sentons investi dans un autre amour est parfois plus violente que l'infidélité des corps ou le passage à l'acte sexuel.

L'infidélité a de multiples visages : accident de parcours, transgression passagère que traduit l'expression « perdre la tête », compensation pour un choix qui se révèle erroné ou un engagement pas assez mûr, expression d'une désunion profonde existant entre deux êtres. La base de l'infidélité me semble d'abord consister en un déplacement de l'attention. Jusqu'alors focalisée sur l'autre, celle-ci se trouve ramenée sur soi au bénéfice d'une polarisation plus narcissique.

L'infidélité a ainsi souvent sa source dans la désunion intérieure même si elle peut surgir à l'occasion d'un conflit avec l'autre, d'une déception. L'infidélité à soi-même, à un projet de vie, à des valeurs, est alors à l'arrière-plan de l'infidélité à l'autre. Dans ce cas, l'infidèle a, d'une certaine façon, perdu son unité. Il est en plein divorce intérieur, il est séparé de ce qui lui donnait jusqu'alors une cohérence. À l'extrême, il serait possible de dire qu'il n'y a pas d'infidélité quand on reste fidèle à soi-même.

L'infidélité de l'un des partenaires est le plus souvent vécue comme un échec personnel par rapport à l'autre : « Je n'ai pas su le retenir » ; « C'est à cause de moi qu'il s'est intéressé à une autre ». Dans ce cas, l'infidélité est non seulement l'expression d'une défaite, mais elle est aussi la confirmation que la cohabitation de la fidélité à l'autre et de la fidélité à soi-même s'avère impossible.

Quand fidélité à l'autre et fidélité à soi peuvent cohabiter de façon harmonieuse, s'amplifier et se nourrir réciproquement, il n'y a pas de place pour l'infidélité. Mais oser dire : « Je ne peux pas continuer à rester engagé avec toi, car cela serait me trahir moi-même » semble très difficile. Aussi l'infidélité s'enferme-t-elle dans des silences, des non-dits, des mensonges. À l'occasion, elle aboutit à une double vie qui, lorsqu'elle est découverte, blesse celui qui se sent trompé ou trahi, et déstabilise aussi profondément celui qui s'est servi de ce dernier comme d'un alibi.

Mais si nous acceptons d'entendre au-delà des apparences, nous découvrirons que nous sommes plus souvent trompé par nous-même que par autrui.

« La seule chose que je regrette,
c'est d'être moi-même. »
WOODY ALLEN

« J'ai aimé mon mari... je ne l'aime plus »

« J'ai aimé mon mari, mais malgré tous mes efforts, je sens que je ne peux plus l'aimer. Je n'arrive pas à comprendre comment j'en suis arrivée là », ai-je entendu tout dernièrement. La découverte du désamour, du malheur de ne plus aimer, surgit dans notre vie comme une catastrophe semblable à un tremblement de terre. Dans la vie, comme en littérature, il est plus souvent question de la souffrance de ne plus être aimé que de celle de ne plus aimer.

Nous sommes en amour, nous aimons quelqu'un passionnément, nous sommes porté, habité, ensoleillé durant plusieurs années par cet amour, et un jour, un réveil brutal, auquel nous ne sommes aucunement préparé, nous tire de notre état. Nous découvrons en nous-même, dans notre cœur, que nous n'aimons plus. Nous ne sommes plus animé ou émerveillé par l'amour. À la place s'ouvre un vide, un trou, un manque, une immense béance.

Ceux et celles qui ont vécu cela connaissent ce sentiment de désespérance, de nostalgie, parfois de regret qui envahit alors tout l'espace intérieur. Le monde autour de nous, la vie, les petites choses du quotidien n'ont plus le même goût, ni les mêmes couleurs ou la même odeur.

Nous sommes moins vivant, moins dynamique. Il faudra parfois longtemps pour sortir de la grisaille, de l'état de « mal-être », voire du non-être qui caractérise le fait de ne plus aimer l'autre, cet autre que nous avons pourtant aimé, parfois durant de longues années.

Il faut savoir que l'on ne peut pas dicter aux sentiments d'exister ou de ne pas exister. Les sentiments sont indépendants de la volonté. Cette pensée de Pascal si souvent évoquée : *Le cœur a ses raisons que la raison ne connaît point* se rapporte en général à l'éclosion imprévue d'un amour, plus rarement à sa disparition. Celui qui n'aime plus celle qu'il a aimée se sent coupable, incomplet, démuni, vide, dévitalisé. Il voudrait parfois aimer encore, pour faire plaisir à l'autre, pour diminuer sa souffrance, pour pouvoir tenir ses engagements, pour faire face à ses tempêtes, mais quand l'amour a disparu… il n'est plus là. Absorbé par les fissures de la relation, évaporé dans la banalité de la routine, laminé aussi par des malentendus, des maladresses, ou simplement éteint comme la flamme d'un feu qui se transforme en braises puis en cendres froides, cet amour, il y a quelque temps encore si vivant, cet amour est mort. Nul ne sait à l'avance la durée de vie d'un amour, et nous sommes impuissant, parfois désespéré et nostalgique face à la disparition d'un amour qui nous a porté vers l'autre pendant si longtemps.

Quand la nostalgie nous mord le cœur,
c'est que le souvenir est encore plein d'espoir.

La préparation d'une séparation...

Aussi curieux que cela puisse paraître, les périodes de vacances marquent parfois le début de la fin d'une période de maturation – comme l'aboutissement d'une gestation. Des prises de conscience souterraines se sont faites, des conscientisations se sont ébauchées, une mobilisation énergétique invisible s'est produite, voire un véritable réveil provoqué par le changement de rythme. Ils ont mené à la sortie du leurre qui est souvent l'aboutissement d'une longue évolution et vont inviter soit à une *re-visitation* des choix de vie, soit à une rupture, à une séparation d'avec un mode de vie vécu comme insatisfaisant.

Le renoncement à une relation, le désengagement par rapport à une fidélité qui paraît caduque, la nécessité d'un respect de soi plus grand, peuvent ainsi « maturer » pendant tout un été et conduire à des prises de décisions... décisives ! En ce sens, beaucoup de divorces et de séparations semblent mûrir à l'occasion des vacances et déboucher sur des choix qui surprendront parfois l'entourage proche, voire le compagnon de vie lui-même : « On était enfin ensemble, on s'était beaucoup détendus, amusés. Il y avait une sorte de gaieté que je n'avais pas connue depuis des années. Il y avait moins de conflits entre nous, elle semblait d'accord avec tout, elle me disait même qu'elle m'aimait... et quinze jours après, elle m'annonçait qu'elle me quittait ! Je n'avais rien vu venir ! »

Oui, il y avait moins de conflits. C'est que l'un déjà avait renoncé, avait lâché prise, ce qui donnait l'impression d'une détente apparente, d'un mieux-être, d'un espoir. Et voilà qu'il annonce son intention de quitter le domicile conjugal ou de louer un appartement, de prendre du recul ou de se mettre à distance pour réfléchir et se retrouver. « Faire le point sans toi », dit-il ! Tout cela va se faire avec un mélange de sentiments complexes : soulagement, inquiétude, ambivalence parfois, valse-hésitation. Vont se mêler des sentiments parasitaires d'échec ou de libération, de culpabilité ou de soulagement qui donneront plus tard à ces vacances-là un goût particulier, une odeur, des couleurs propres à les faire s'inscrire dans les souvenirs avec beaucoup de précision.

La gestation d'une séparation remonte souvent à loin. Après avoir traversé les strates de notre imaginaire, de nos peurs, de nos désirs de renaissance, elle va éclore et se traduire par ce que beaucoup ressentent comme l'équivalent d'une opération chirurgicale...

Le désamour est un dissolvant qui commence à agir quand la perspective de la rencontre autrefois désirée se transforme non pas en espérance et en projet de vie, mais en tristesse, en un désespoir dénué de rêve...

Vivre une séparation sans se détruire

Quand, dans un couple, l'un annonce à l'autre qu'il ne souhaite plus vivre avec lui, cela déclenche le plus souvent chez ce dernier un cataclysme ou l'équivalent d'un tremblement de terre.

Toute séparation non choisie ou imposée réveille des blessures très archaïques, rouvre des cicatrices, renvoie à des situations douloureuses, à la peur d'être abandonné, au sentiment de ne rien valoir : « S'il me quitte, c'est que je ne vaux rien. » Les pertes et les séparations font aussi craindre d'être laissé seul, sans amour : « Si elle part, c'est que je ne mérite pas d'être aimé... » Toute séparation non désirée violente l'image de soi, perturbe la confiance en soi, diminue l'amour que l'on se porte.

Dans une première phase, celui ou celle qui est quitté se pose sans cesse des questions à propos de l'autre : « Pourquoi fait-il cela ? Qu'est-ce que je lui ai fait ? Il a certainement trouvé quelqu'un de plus intéressant. » La perspective d'une séparation non souhaitée est vécue comme une violence, une injustice, elle paraît incompréhensible à celui qui la considère comme un mauvais coup du sort.

Il faut cependant se rappeler que celui qui part le fait pour lui. On renonce à une relation à cause de son propre ressenti, de son malaise et pour faire de nouveaux choix de vie. La décision de quitter sa femme ou son mari ne se fait jamais sur un coup de tête : elle est le résultat d'un conflit intrapersonnel, d'une crise intense, qui ne voit d'issue que dans un changement… ou bien dans la fuite.

Durant la phase active de la séparation, les discussions concernant les modalités de la garde des enfants, le partage des biens, la recherche d'un nouveau lieu de vie, font remonter à la surface beaucoup de frustrations, du ressentiment, voire des envies de faire mal, de blesser celui ou celle qui nous quitte et que nous aimons parfois encore. C'est à ce moment-là qu'apparaissent les livres de comptes affectifs cachés, sur lesquels sont soigneusement notés, sur une page « Tout ce que l'on a fait pour l'autre », et sur l'autre page « Tout ce que l'autre n'a pas fait pour nous »…

Il est parfois souhaitable de demander à être accompagné, de recourir à un soutien psychologique pour parvenir à faire le deuil de la personne qui nous quitte, pour renoncer aux rêves de vie que l'on avait construits ensemble, pour protéger (et ne pas maltraiter) les sentiments forts qui subsistent encore… chez celui qui est quitté !

Se séparer équivaut parfois à une nouvelle naissance.

Le plus terrible, dans une séparation,
est de ne plus pouvoir rêver ensemble.

Conclusion provisoire

Il ne faut jamais conclure sur un regret, seulement sur un espoir.

Le génie de la lampe...

Il fait soleil, le temps est doux, la vie oscille entre été et automne, un homme dans la maturité de son âge est en train de marcher le long du Rhône, et soudain il trébuche sur une vieille lampe toute rouillée... Dans un premier temps il est tenté de donner un coup de pied dedans et de marquer un but entre deux bornes, mais il se fait la remarque qu'il n'est pas Zidane et se baisse pour la ramasser. Après l'avoir examinée, il se rappelle soudain un très vieux souvenir, un conte de son enfance. Avec un pan de son blouson, il frotte la lampe et, comme prévu, un génie en sort. Un génie qui n'a pas l'air ravi du tout et qui lui dit avant même qu'il n'ait le temps de s'étonner de cette apparition incroyable : « OK ! OK ! tu es content ? Tu m'as libéré de la lampe et patati et patata... Mais tu sais, comme c'est la quatrième fois ce mois-ci je commence à en avoir ras le bol. Je vais te le dire sans fioritures, je ne supporte plus ceux qui veulent m'aider sans avoir jamais rien compris à un miracle ! Tu peux donc oublier les trois vœux habituels, car je ne t'en accorde qu'un. Un seul vœu, tu entends, et ce sera tout. Alors réfléchis bien. »

L'homme s'assoit sur un banc accueillant, le dos au mistral, la tête face au ciel bleu, et pense longuement... Au bout d'un moment, il se décide et demande : « J'ai toujours rêvé d'un voyage à Tahiti, mais j'ai peur de l'avion et j'ai le mal de mer. Pouvez-vous me construire un pont jusqu'à Tahiti afin que je puisse m'y rendre en voiture avec ma femme et mes enfants ? Je pense même emmener mon chien, cela ne lui fera pas de mal de voir un coin du paradis. Voilà mon vœu ! »

Le génie baisse la tête, ne dit rien pendant quelques secondes, puis éclate de rire : « Toi alors ! tu ne doutes de rien. Ton vœu est impossible à réaliser ! Pense à tout ce qu'il faudrait utiliser pour soutenir un tel pont, au béton que les ouvriers devront couler, aux tonnes d'acier et aux centaines de milliers de bras qu'il faudrait y faire travailler, à toutes les autorisations qu'il conviendrait de demander aux uns et aux autres... Non, demande-moi autre chose. Ce vœu-là est irréalisable ! »

L'homme change de position, se met face au mistral, le dos au soleil, essuie ses lunettes, se remet à réfléchir. Au bout de quelques minutes il exprime un nouveau vœu : « J'ai été marié et j'ai divorcé quatre fois. Mes femmes m'ont toujours dit que je ne m'intéressais pas à elles et que j'étais insensible, que je ne savais pas leur parler et encore moins les écouter. Alors je désire... comprendre les femmes... savoir ce qu'elles ressentent et ce qu'elles pensent lorsqu'elles sont silencieuses... savoir pourquoi elles pleurent, ce qu'elles veulent vraiment dire lorsqu'elles disent non, et surtout je veux pouvoir les rendre heureuses, ne plus en faire souffrir aucune ! »

Le génie, devenu de plus en plus soucieux au fur et à mesure qu'il écoutait l'homme, demande alors : « Le pont vers Tahiti, tu le voudrais avec deux ou quatre voies ? »

Il est des désirs qui doivent rester à l'état de désir...

Et en famille

Passer d'un couple à une famille, de deux à trois ou plus, est comparable à un changement de planète. Tout est à revoir, à réajuster, à réinventer : le territoire, l'intimité, les partages, les rythmes de vie, les centres d'intérêt, le temps. Surgissent surtout des sentiments, des sensations nouvelles qui nous confrontent à notre propre enfance.

Le difficile métier de parent

C'est curieux, il arrive parfois que malgré les parents, les enfants ne s'en sortent… pas si mal !

Ouverture d'esprit ou pseudo-liberté ?

Certains parents, sous prétexte d'ouverture d'esprit ou de libéralisme, demandent à l'enfant, en toutes circonstances, s'il est d'accord pour faire ceci ou cela : « Tu veux aller au lit ? » ; « Es-tu d'accord pour faire tes devoirs ? » ; « Qu'est-ce que tu veux manger à midi ? » ; « Est-ce que tu veux bien éteindre la télévision ? ». Posant ces questions, les parents donnent à l'enfant une mission difficile, devant laquelle il se sent démuni. Choisir entre plusieurs désirs suppose en effet un Moi développé et une personnalité déjà construite. Placer l'enfant devant « fais ce que tu veux » revient souvent à le confronter à une alternative angoissante. Il est important que les parents donnent des repères, signifient ou rappellent la loi, ce qui se fait ou ne se fait pas, plutôt que de laisser croire à leur enfant qu'il sait, lui, ce qu'il peut faire ou ne pas faire. Ce faisant, ils lui permettent de s'opposer, de tenter de contourner les contraintes ou de transgresser les interdits, donc de mesurer ses ressources et ses limites.

Il est donc essentiel de signifier les interdits à l'enfant : « Non, je ne te laisserai pas manger une autre tablette de chocolat » ; « Je t'ai demandé d'éteindre la télé et puisque tu ne veux pas le faire, je peux le faire moi-même ». Poser des limites, adresser des demandes claires ou proposer une alternative qui favorise le choix est préférable à une pseudo-liberté. Placer l'enfant face à la réalité, le confronter au jeu complexe des ajustements nécessaires entre ses désirs et ses besoins, entre ses demandes, ses attentes et les possibilités de réponses positives ou négatives de l'entourage, fait partie de la construction de sa personnalité et contribue au développement de son adaptation à la réalité.

La plupart des jeunes enfants vivent avec l'illusion que le monde tourne autour de leur personne, que maman, papa ou l'entourage proche sont une source de plaisirs inépuisables. Il n'est pas sain de les laisser dans cette illusion. Il me paraît important de les mettre devant des choix limités et non pas illimités pour les aider à prendre une décision cohérente, qui tienne compte des ressources de l'entourage.

Ne pas leur offrir de repères ou de limites, ne peut qu'augmenter le désarroi ou l'angoisse des enfants, et par là même les pousser à la violence et à l'autoviolence. Ce qui arrive trop fréquemment aujourd'hui, quand les parents ont oublié qu'ils sont là pour répondre aux besoins de l'enfant et non à ses désirs !

J'ai attendu longtemps que la vie me prenne par la main pour m'enseigner que mes désirs ne sont pas tout-puissants, mais qu'en me confrontant à la réalité je pouvais en transformer quelques-uns en projets.

« Si je l'écoutais, il ne mangerait que des nouilles ou des frites ! »

Comment apprendre à nos enfants à manger sinon de tout (comme c'était le cas dans mon enfance), du moins à manger de façon équilibrée ? Qui dit équilibre, dit nourriture variée. Or, beaucoup d'enfants d'aujourd'hui ont des goûts alimentaires très limités. Certains ont même des fixations... tenaces.

Fixations *négatives* : les plus connues portent en général sur les épinards, les lentilles, les légumes verts. Elles s'accompagnent de commentaires divers tels que « Beurk, c'est dégueulasse ! » ou « C'est mou, c'est pas bon... ».

Fixations *positives* : les plus répandues portent sur les frites, les chips, les nouilles et les sucreries sous toutes leurs formes : « Maman, tu as fait des nouilles ? Tu sais que j'adore ça ! »

Peut-être importe-t-il de rappeler (encore et encore) que les parents sont là pour répondre aux besoins des enfants, et pas nécessairement à tous leurs désirs ! Parmi les besoins alimentaires des enfants, signalons les laitages, les féculents et les fruits, aliments souvent peu appréciés ou boudés par eux, au mieux, avalés du bout des lèvres.

Je ne considère pas, malgré l'affirmation contraire des enfants, que leur incroyable consommation de ce que je serais tenté d'appeler des *cochonneries* et qui fait leur ravissement réponde à un besoin : tous ces *chocos,* biscuits fourrés, sucettes, friandises dont ils ont la bouche pleine à longueur de journée provoquent une altération des envies, une anesthésie du goût face aux saveurs nouvelles, une saturation ou plus simplement une absence d'appétit qui devient manifeste lorsqu'il est l'heure de passer à table.

Savez-vous que la majorité des plats, dans beaucoup de cantines scolaires, finissent à la poubelle ? Les enfants picorent sur le plateau, avalent le dessert avant la viande ou le poisson, font des mélanges invraisemblables. Leur estomac semble blindé, inoxydable, à toute épreuve, mais quelle épreuve pour lui !

Il nous appartient à nous, les adultes, de réconcilier les enfants avec une nourriture plus conviviale, plus proche de leurs besoins, sans nous laisser entraîner par leurs désirs, éventuellement avec quelque fermeté et surtout beaucoup de cohérence face à leurs demandes, surtout quand elles deviennent des exigences.

Certains savent mieux ce qu'ils ne veulent pas que ce qu'ils veulent. Ils ont donc tendance à aller vers ce qu'ils connaissent le mieux : ce qu'ils ne veulent pas...

« Les enfants de mes voisins ne sont pas éduqués »

Vivre en appartements collectifs ou dans un grand immeuble, c'est affronter le risque d'une pollution visuelle, auditive, relationnelle, parfois morale, par le voisinage, qui peut prendre des proportions inouïes à certains moments de la journée, surtout quand il y a de nombreux enfants. « Les enfants de mes voisins sont totalement *inéduqués,* ai-je entendu tout récemment, ils ont le droit de tout faire, ils ne font face à aucun interdit... » Quand j'ai voulu en savoir plus, j'ai appris qu'ils jouaient et criaient dans les escaliers, qu'ils ne disaient jamais bonjour, qu'ils bloquaient l'ascenseur et qu'ils faisaient de la musique disco ou s'exerçaient au rap dans leur chambre. J'ai aussi découvert que « ce n'est pas tout » : ils n'hésitent pas à appeler leurs copains d'un étage à l'autre, à trafiquer des mobylettes « qui font un bruit infernal » et ils ont squatté la moitié des caves de l'immeuble « pour y faire je ne sais quoi, mais sûrement pas le meilleur, avec ces histoires de sexe et de drogue qu'on entend partout... »

Les enfants d'aujourd'hui font peur aux adultes. Autrefois, ils suscitaient, outre de l'intérêt, des marques d'attention, voire des préoccupations, à l'occasion ils inquiétaient, mais sans plus. Aujourd'hui, ils représentent une menace diffuse, latente. J'ai demandé à mon interlocutrice si elle avait tenté d'ouvrir le dialogue : leur demander leur prénom, peut-être même leur proposer de l'aider à monter son sac de provisions ou de lui rendre un petit service en faisant une course, pourquoi pas les inviter à venir manger un morceau de cake... « Jamais ! m'a-t-elle répondu. Tant qu'ils ne changent pas, tant qu'ils continuent à se comporter en sauvages, je ne vais pas m'abaisser devant eux à faire les premiers pas... »

Faire le premier pas, c'est parfois simplement sourire, dire bonjour, adresser aux jeunes un compliment sur leur vélocité et leur habileté à faire du skate ou à descendre les escaliers de la cave en vélo. Qu'ils ne soient pas éduqués ne devrait pas nous empêcher d'ouvrir une brèche en initiant, nous-même, des comportements différents.

Il ne s'agit pas d'amener les enfants à épouser nos valeurs en critiquant ou en rejetant leur mode de vie, mais de les rejoindre dans leur monde, d'apprivoiser leur univers et, ce faisant, de leur permettre de découvrir une autre façon d'être, une autre façon d'exister, parallèle à la leur et qui est là, toute proche.

Il faut oser et prendre le risque d'ouvrir le dialogue, de nouer une relation, pour leur permettre d'utiliser autrement leurs ressources et leur potentiel de créativité. Notre propre éducation a trop souvent des visées impérialistes que les enfants perçoivent très vite. Si nous renonçons à ces visées, un terreau d'entente se constituera peut-être.

« Celui qui m'apprivoise ne sait pas le risque qu'il prend ! » ai-je entendu dans une file d'attente, au cinéma.

Écouter au-delà des questions

Les enfants (certains adultes aussi) posent beaucoup de questions : « Maman, quand est-ce qu'on mange ? » ; « Papa, c'est vrai que les hommes politiques sont des menteurs ? » ; « Est-ce qu'on va chez grand-père dimanche prochain ? » ; « Mais c'est avec quoi exactement qu'on peut faire l'amour ? ».

Nous, les adultes, croyons le plus souvent qu'il suffit de répondre à la question, de donner une information, de clarifier un point, d'expliquer... pour être quittes. Ce faisant, nous risquons de passer à côté d'un échange réel, plus important que le bon sens de notre réponse. Derrière toute question, il existe une interrogation plus centrale. Autrement dit, dans un questionnement, la vraie question est masquée par la première interrogation qui joue le rôle d'amorce, de test. Derrière : « Dis maman, est-ce que tu aimeras toujours papa ? », il y a peut-être : « Est-ce que vous allez divorcer comme les parents de mon copain François ? » Il y a peut-être aussi : « Est-ce que tu crois que tu pourras continuer à m'aimer, même si je grandis et que je suis désobéissant ? » si l'enfant, ce matin-là, a entendu sa mère dire à la voisine : « Moi je les aime surtout quand ils sont petits, quand ils sont encore obéissants ! »

La première question n'est souvent qu'un préliminaire, une tentative de l'enfant pour vérifier s'il peut vraiment parler de ce qui l'habite, le préoccupe ou le tiraille. Il s'assure ainsi de la disponibilité de son interlocuteur, par rapport à l'importance (à l'inouï) de ce qu'il va dire. Pour cette raison, je pense qu'avant de répondre à sa question, il convient de l'inviter à parler davantage : « Oui, tu peux m'en dire un peu plus. Quand tu me demandes si on va chez grand-père dimanche prochain, que veux-tu me dire ? » À ce moment-là, mis en confiance, l'enfant peut exprimer sa véritable demande, par exemple : « C'est l'anniversaire de Noémie, ma nouvelle copine, dimanche prochain et je suis invité. Moi je préférerais aller plutôt chez elle que chez grand-père ! »

Le questionnement des enfants (et de beaucoup d'adultes) n'est souvent que l'amorce d'un échange plus vital qu'il nous serait possible d'entendre, si… nous ne répondions pas trop vite, ce que nous avons tendance à faire lorsque nous croyons détenir la bonne réponse ! Si votre épouse vous pose la question : « Crois-tu qu'il soit possible d'aimer deux hommes en même temps ? », ne répondez pas trop vite, essayez d'entendre la vraie question… Vous entendrez peut-être qu'en la circonstance, votre réponse n'a pas beaucoup d'importance, qu'il vaudrait mieux échanger avec elle que de répondre !

Cette fillette de sept ans en dit des choses lorsqu'elle raconte qu'elle aimerait être grande « pour permettre à ma maman d'être petite et aussi à papa d'être grand, parce qu'il en a bien besoin, comme ça je pourrais discuter avec lui ! »

Que transmettre à nos enfants ?

Tout le monde l'affirme, les sociologues le constatent, les politiciens s'en désolent, les parents s'en étonnent : notre monde est en perte de valeurs morales. Nous n'osons plus proposer de modèles, offrir des références ou nous battre concrètement pour défendre une éthique de vie.

J'ai lu récemment, dans un article relativement optimiste, que quelques valeurs simples subsistaient encore. Je peux même les faire miennes, car elles correspondent à ce que je suis :

- respect de l'autre et de soi ;
- autonomie ;
- ouverture au monde ;
- tolérance et justice.

Quelles que soient les valeurs que nous avons reçues au cours de notre éducation ou celles que nous avons découvertes à l'âge adulte, il nous appartient de témoigner de celles qui nous engagent et d'en laisser une trace au travers de nos comportements. Les valeurs morales, sociales, sont des balises nécessaires dans un monde dont l'évolution s'accélère. Le monde d'aujourd'hui est vulnérable, plein de risques – et nous voulons continuer de croire que l'humanité a la même capacité qu'autrefois à le gérer ! Je ne le crois plus.

L'humanité est faite d'un ensemble d'êtres semblables mais animés de mouvements contradictoires, à la fois porteurs de forces de vie et de pulsions destructrices. Celles-ci se font de plus en plus redoutables. Ma grand-mère disait : « Un seul jour de guerre laisse plus de traces dans le paysage qu'un siècle de paix ! »

Quand je songe aux valeurs que j'ai transmises ou que j'ai voulu transmettre à mes enfants, je retrouve les références et les points de repère qui guident ma vie :

• exigence d'une justice plus juste ;

• protection de la beauté ;

• capacité de compassion, ouverte non seulement à mes proches mais à ceux que j'aurais la tentation de juger ou de rejeter ;

• devoir de vigilance, pour ne pas me laisser abuser par le conditionnement subtil des mass media ou me laisser entraîner par des idéologies trop coupées du réel ;

• devoir de conscientisation afin d'accéder au sens de mes conduites et de mes comportements ;

• nécessité d'un travail sur moi-même, non seulement pour nettoyer ma « tuyauterie relationnelle », mais aussi pour pouvoir me réconcilier avec mon histoire personnelle et familiale.

Je veille à inscrire, à actualiser et à vivifier chacune de ces valeurs dans ma vie quotidienne... Mais il arrive parfois que ma vigilance soit en défaut, que je me laisse surprendre et même déloger de mes valeurs par l'aspect imprévisible d'une situation ou d'un événement. Cela me renvoie à ma propre cohérence et vulnérabilité – j'ai envie de dire à mon humanitude.

J'imagine que pourrait se développer une industrie du beau. Plus la beauté prendrait de place, moins il en resterait pour la barbarie et la souffrance.

« J'ai l'impression d'en faire trop »

Cela est vrai pour la plupart d'entre nous. Quand nous sommes parents, nous faisons beaucoup pour nos enfants. Parfois même, nous faisons beaucoup trop.

Que ce soit par rapport à une image que nous avons de nous-même, image de parent idéal qui nous oblige à donner, ou que ce soit à cause d'un malaise personnel ou parce que nous nous sentons coupable de travailler à l'extérieur et de n'être pas assez présent à la maison, au retour de l'école, pour accueillir nos enfants, les câliner, les soutenir, nous avons tendance à les entourer de précautions inutiles et pesantes, à dérouler le tapis rouge « pour qu'il ne leur arrive rien ». Bref, nous les envahissons par des soins inutiles, nous les saturons. Ils nous le disent parfois : « Papa, lâche-moi un peu les baskets, je vais y arriver tout seul ! » ; « Maman, arrête d'être toujours derrière moi pour savoir ce que je fais... » ; « Cessez de vous inquiéter de ce que je pense ou ne pense pas quand je suis silencieux ou songeur ! »

Souvent, nous les infantilisons en agissant à leur place, risquant ainsi de les maintenir dans la dépendance : « J'ai rangé ta chambre, j'ai préparé ton cartable, j'ai vidé ton sac de sport et j'ai mis du linge propre au pied de ton lit pour que tu te changes... et fais attention, j'ai mis ton argent de poche sur la table de nuit ! »

Je propose à ces parents-là d'en faire moins *pour* leurs enfants, beaucoup moins, et d'en faire plus *avec* eux : « Quand tu mettras ton linge sale à la corbeille, je te proposerai des vêtements et un tee-shirt propre » ; « Je veux bien t'aider à ranger ta chambre quand tu seras disponible », « J'aimerais discuter avec toi de ce projet de vacances »...

Faire *avec* les enfants permet de miser sur leurs ressources et les aide à développer des potentialités inexploitées tout en développant une relation de réciprocité.

De cette façon, nous les aidons à diminuer le décalage entre leurs attentes et la réalité, nous les confortons dans leurs ressources et aussi dans ce qu'ils peuvent ou non attendre vis-à-vis du monde extérieur.

Dans un bus, une petite fille chuchotait
à sa maman : « C'est vrai que
si je ne suis pas sage, je deviendrai en fer ? »

Besoin ou désir ?

Comme j'insiste, dans plusieurs de mes écrits, sur le fait que les parents sont là pour répondre aux besoins des enfants, du moins jusqu'à un certain âge, mais pas nécessairement à tous leurs désirs, on me demande souvent comment différencier un besoin d'un désir.

Un besoin répond à une nécessité de survie. Pour cette raison, il exige une réponse positive. Le propre d'un besoin, est qu'il doit être satisfait à plus ou moins brève échéance : « J'ai besoin de faire pipi, je peux me retenir un peu, mais à un moment donné je devrai aller aux toilettes », ou « J'ai besoin d'être reconnu, valorisé. Je vais tenter d'attirer l'attention, y compris en faisant des bêtises, et je vais peut-être découvrir, douloureusement, que je ne déclenche de l'intérêt... que dans ces circonstances ! ».

Le désir, par contre, est lié à la fois au manque et au plaisir. Il est recherche d'une diminution de l'insatisfaction, de la tension, de la frustration provoquées par le manque. Il doit donc être reconnu, entendu et parfois même valorisé. Mais en fait, le désir a surtout besoin d'être entendu. Contrairement à ce que beaucoup de personnes croient, il n'a pas besoin d'être systématiquement satisfait. Certains désirs resteront à l'état de désirs et dynamiseront beaucoup la créativité de celui qui en est porteur.

Bien sûr, certains désirs réclament, parfois avec violence, d'être comblés et satisfaits. Les enfants et les adolescents d'aujourd'hui, que j'appelle « les enfants du désir », ont été élevés, tous milieux confondus, par des parents qui ont satisfait par faiblesse, par crainte de traumatiser ou par identification, presque tous leurs désirs. Ce faisant, les parents ont paradoxalement oublié quelques-uns des besoins essentiels des enfants : besoins de présence, de suivi, de sécurité et de stabilité relationnelle.

Ceux qui me suivent dans mes ouvrages savent combien j'invite les adultes et les parents à prendre plus clairement position, avec davantage de rigueur et en mettant des limites, pour ne pas combler tous les désirs de leurs enfants et risquer de transformer ces derniers en consommateurs avides, voire en éternels frustrés et en revendicateurs agressifs quand la réalité ne répond pas à leurs attentes. C'est à mon avis une des origines de la violence et de l'autoviolence actuelle qui sévissent chez les jeunes : cette difficulté à vivre paisiblement la rencontre avec les contraintes qu'impose la réalité. Au lieu de cela, les jeunes vivent la rencontre comme une agression à laquelle ils répondent par de la violence. Avec les enfants, comme avec soi-même, mieux différencier besoin et désir requiert une vigilance et une cohérence sans faille au quotidien.

« Maman, quand j'ai envie de quelque chose et que mon cerveau dit non, qui c'est (qui sait) qui a raison ? C'est mon envie ou mon cerveau ? » demande Quentin, cinq ans.

Deux besoins fondamentaux : le besoin d'affirmation et le besoin d'approbation

Devenir adulte, c'est en quelque sorte prendre le risque de s'affirmer. Cela signifie être capable de prendre position, d'énoncer un point de vue personnel, de faire des choix en relation directe avec ses valeurs, ses croyances ou sa dynamique personnelle.

Mais la capacité de s'affirmer est souvent contrariée par un autre besoin infantile très archaïque au sens où il nous renvoie à une période clé de notre enfance : quand l'approbation, l'accord et le soutien des personnes significatives de notre entourage étaient au cœur de nos préoccupations.

Au cours de son développement, l'enfant qui se construit a besoin du regard et de l'approbation des personnes significatives de son environnement. La bienveillance d'un geste, d'une parole structurante de la part d'un proche sera à la base de la confiance en soi que l'enfant développera et qu'il verra ainsi se fortifier. À défaut d'une telle attention, la confiance en soi de l'enfant diminuera et s'abîmera dans le doute.

Si nous avons peu confiance en nous-même, si nous sommes peu sûr de nous, notre besoin de recevoir l'approbation de ceux qui nous entourent entrera en conflit avec notre besoin d'affirmation et parfois même le niera. Ainsi peut-il nous arriver de ne pas être capable de prendre des décisions, de ne pouvoir faire des choix, tant nous redoutons la réaction de notre entourage, tant nous avons peur d'être jugé, rejeté, voire de ne plus être aimé pour peu que nous disions ou fassions quelque chose qui déplaise, qui ne corresponde pas aux attentes des autres.

C'est pourquoi nous restons souvent en retrait de nous-même, dans l'incertitude et le doute, animé par la peur de témoigner d'une position personnelle. Ce faisant, trop attentif à l'approbation de l'autre, nous nous installons dans une dépendance implicite. Qui plus est, en laissant des peurs paralysantes, des croyances caduques ou des interdits dont les enjeux sont depuis longtemps dépassés prendre le dessus, nous risquons de nous enfermer dans des limites très étroites et de vivre dans un système d'autoprivation particulièrement frustrant.

Nous affirmer suppose que nous renoncions à l'approbation d'autrui, quitte, parfois, à oser faire de la peine à nos proches, nous démarquer de leurs croyances, refuser de nous laisser entraîner par leurs peurs, en faisant montre d'idées, de comportements ou d'attitudes différents des leurs.

D'une certaine façon, devenir adulte signifie que le besoin d'affirmation a pris le pas sur le besoin d'approbation.

Communiquer ne signifie pas autre chose qu'entrer dans le cœur d'un autre. C'est la plus belle façon de vivre une relation.

La construction du désir

Marie est une jeune femme de trente-cinq ans, elle me parle de sa fille Chloé qui a douze ans.

« Tout dernièrement, ma fille m'a demandé : "Maman, c'est quoi le désir ?" Je n'ai pas su très bien lui répondre : j'ai tenté de lui dire que c'était comme une envie, une attirance, le besoin de l'autre, d'un objet, la réalisation d'un rêve... Vous voyez, j'ai mélangé tout de suite désir et besoin. Puis j'ai demandé à ma fille : "Et toi, tu as des désirs ?"

« — Non, jamais, je ne désire rien. (Et puis, après un temps de silence) On souffre trop quand on a des désirs qui ne se réalisent pas...

« J'ai ainsi entendu que ma fille confondait le désir et sa réalisation. J'ai tenté de lui expliquer qu'il est beau, important, vital d'avoir des désirs dans de nombreux domaines, mais que beaucoup de désirs ne sont pas destinés à se réaliser, qu'ils resteront à l'état de désir... Que c'est beau de garder en soi un désir à l'état de désir... Chloé s'est jetée dans mes bras et m'a chuchoté : "Tu sais, maman, j'ai un désir, un vrai désir ! C'est que toi et papa, vous reveniez ensemble. Tous les autres désirs, que je ne peux pas avoir, c'est rien à côté de ce désir-là !"

« J'ai serré ma fille tout contre moi, j'ai respiré très fort et je lui ai confirmé que c'était un très beau désir qu'elle avait dans son cœur, mais que la réalisation de ce désir ne dépendait pas d'elle. Je lui ai dit que son désir, qui est de nous réunir son père et moi, alors que nous sommes divorcés depuis quatre ans, ne correspondait pas au mien, ni vraisemblablement à celui de son père, qui d'ailleurs va se remarier prochainement. Je lui ai encore dit que puisque son désir était si important pour elle, elle pouvait le symboliser, c'est-à-dire le représenter par un objet, un dessin... Et savez-vous ce qu'elle a fait ? Elle s'est débrouillée pour faire agrandir deux photos, une de son père et l'autre de moi. Immenses photos, grandeur nature, et elle les a affichées sur le mur de sa chambre. Elle nous a placés tout près l'un de l'autre, presque l'un sur l'autre ! "Comme ça tous les matins en me réveillant je vous vois quand même ensemble, c'est chouette !" »

En écoutant Marie, je songeais combien il est important de ne pas laisser croire aux enfants que leurs désirs sont tout-puissants et totalement réalisables. Et en même temps, combien il est essentiel de pouvoir nommer les désirs et d'en prendre soin. Ce concept de *prendre soin* d'un désir, d'un sentiment, d'un rêve, qui fait appel aux possibles de la symbolisation, n'existe pas dans notre culture. Or, il me paraît essentiel aussi d'apprendre à nos enfants à respecter leurs désirs, et à les symboliser surtout lorsqu'ils ne peuvent les réaliser. Leur créativité fera le reste. Je trouve que Chloé a fait preuve d'une créativité riche, qu'elle s'est donné les moyens de donner vie à son propre désir et ainsi de le respecter, même s'il n'est pas réalisable.

Toute la mémoire du désir s'engrange au temps des absences, que ceux qui en sont l'objet soient loin ou inaccessibles.

Dialoguer et… accepter de changer

Échanger et partager ne veut pas dire se mettre d'accord, mais entendre justement nos différences. Ce qui veut dire aussi pouvoir se rapprocher et quand même pouvoir rester soi-même.

« Rien que moi et mon papa ! »

Une famille nombreuse, en France, commence à trois enfants, et c'est vrai qu'il est difficile pour les parents de consacrer du temps, de manifester un intérêt soutenu à chaque enfant de façon équitable, même quand ils ne sont pas très nombreux. Certains enfants, percevant cela, *s'arrangent,* et je souligne ce mot, pour se faire des petits bobos, produire des somatisations grâce auxquels ils captent l'intérêt et l'affection de leurs parents. D'autres y arrivent en faisant des bêtises, en provoquant des incidents, en volant au supermarché ou en suscitant, par des comportements atypiques, des réactions outrancières (mais qui sont bien centrées sur eux !)... de la part de leurs parents.

Chaque enfant a besoin de recevoir une attention privilégiée, que ce soit le soir au moment du coucher, avec un temps de câlins, une histoire, ou à d'autres moments spécifiques de la vie quotidienne, ceux qui précèdent un éloignement temporaire, par exemple.

Père de cinq enfants, j'ai ainsi été confronté par chacun d'eux à des attentes, à des besoins particuliers, très différents. Entre les silences d'une adolescente de quatorze ans qui souhaite que son père s'intéresse vraiment à son exposé sur *Emma Bovary,* et un volcan ambulant de cinq ans monté sur patins à roulettes qui réclame qu'on s'extasie sur ses exploits, il y a tout un univers de différences réclamant des attentions bien spécifiques.

J'ai compris, malheureusement tard dans ma vie de père, que les enfants réclament de notre part un temps *rien que pour eux* ! Un temps où ils disposent de nous, les parents, de manière exclusive ! Durant toute une période, chaque semaine, je m'arrangeais pour leur faire une invitation personnalisée, soit au restaurant, soit au salon de thé, soit pour une promenade à deux. « Rien que moi et mon papa » était devenu leur expression favorite.

Si chaque enfant a besoin de profiter régulièrement de l'attention privilégiée d'un adulte, il a tout autant besoin de pouvoir s'exprimer librement et d'être écouté au sein de la famille. Pour cette raison, nous avions inventé, sur le modèle du bâton de palabre africain et grâce aux conseils d'une amie ethnologue, le bâton de parole. Il s'agissait, dans notre cas, d'une vieille cuillère en bois sur laquelle j'avais sommairement sculpté, sur la face interne, une bouche, et sur la face externe, une oreille. La présentation du bâton de parole pouvait exprimer un triple besoin : parler, écouter ou être écouté. En famille, la convention était la suivante : celui qui voulait parler demandait le bâton de parole et ne pouvait être interrompu tant qu'il l'avait en sa possession. Celui qui le demandait à son tour ne pouvait pas parler de l'autre, mais seulement de lui, de ses idées, de son point de vue, de ce qu'il ressentait.

Le bâton de parole agissait alors comme un régulateur des échanges en favorisant l'expression de chacun.

« Rien que moi et mon papa ! » et le bâton de parole expriment des besoins qui méritent qu'on y réponde... de temps en temps.

Créer un espace en soi
où la rencontre
avec le merveilleux de l'autre
est possible.

Les enfants sortent du silence

Depuis quelques années les enfants osent parler. Ils osent se dire, non seulement pour exprimer leur émerveillement de vivre ou leur enthousiasme pour la vie, mais aussi, plus souvent qu'auparavant, pour crier leur souffrance, donner une bouffée d'oxygène à leur détresse, sortir de la violence du silence qui masque des agressions, des abus sexuels commis par un parent, un proche, un prêtre ou un enseignant.

Il ne se passe pas de semaine, de jour, sans qu'apparaisse à la une des journaux quelque révélation, quelque scandale ou quelque drame : un enfant ou un ex-enfant sort du silence pour accuser, pour mettre en cause un adulte, mais surtout pour se libérer... tenter de soigner une blessure depuis longtemps infectée, de cicatriser un non-dit. Les enfants parlent pour retrouver le respect d'eux-mêmes, pour exister après de nombreuses années de négativisme, de néantisation parfois. Ils parlent pour mettre un terme à une situation inachevée, pour accéder à une reconnaissance et surtout, surtout, pour découvrir le plaisir de vivre sans culpabilité, sans honte, sans peur.

Les enfants qui parlent ne trouvent pas toujours une écoute, un accueil ou une compréhension à la mesure de leurs révélations. Ils prennent parfois des risques énormes : celui de voir rejeter leurs propos, dénier leurs souvenirs, ou celui d'être étouffés, voire récupérés quand ils sont confrontés à la pseudo-compréhension ou au recul de certains adultes. Des adultes affolés par tout ce qu'ils ne veulent ou ne peuvent pas entendre : « Quand j'ai dit que je n'aimais plus le piano parce que le professeur me faisait des choses, ma mère se récria : "Mais qu'est-ce que tu vas encore inventer pour te rendre intéressant ? Le professeur fait ce qu'il a à faire, pour t'apprendre à jouer correctement, d'autant plus que tu n'es pas un enfant facile..." À l'époque, j'ai été obligé de me brûler la main pour m'épargner les leçons et surtout l'humiliation de me faire tripoter ! » racontait cet adulte trente ans plus tard.

Sortir du silence n'est pas suffisant, encore faut-il être entendu, reçu, soutenu. Ce n'est pas tant la dimension légaliste ou une sanction que réclament les enfants, mais le droit d'être crus dans la souffrance qu'ils ont éprouvée face au comportement d'un adulte qui transgressait une des lois les plus élémentaires de l'humanité : le respect et la protection de l'enfance – le droit d'être reconnus dans l'injustice qu'ils ont subie.

Les enfants et les adultes parlent aussi pour protéger des frères et des sœurs, pour alerter leurs propres enfants ou se libérer de la violence d'une répétition qui s'étend parfois sur plusieurs générations. Ils parlent pour se libérer d'un poids trop lourd à porter. Ils parlent pour se réconcilier avec eux-mêmes, pour ouvrir l'avenir à plus de confiance.

Il y a des larmes humides,
celles de la tristesse,
et celles, plus sèches,
de la détresse
qui ne peut se dire.

« Pourquoi ai-je tant de mal à te parler, maman ? »

C'est une jeune fille de quatorze ans qui s'adresse comme suit à sa mère, dans une longue lettre dont je tire l'essentiel.

« J'ai peur de te parler, maman, parce que je sais que je déclenche des tas de peurs en toi chaque fois que je tente de te dire ce qui m'habite. Quand je te parle de mon amoureux, de mes copines qui font l'amour ou qui rêvent de partir à l'étranger, ou encore de faire du théâtre ; quand je te confie que mon copain a des désirs, et que moi je retiens les miens, je déclenche chaque fois des comportements excessifs de ta part. Tu parles, tu parles, tu me noies de mots, de conseils, comme pour évacuer tout le malaise que cela a réveillé en toi. Tu veux tout de suite me prendre en charge. Tu voudrais que je fasse aussitôt quelque chose pour calmer tes angoisses…

« À la moindre sortie un peu tardive, tu évoques enlèvement, viol, drogue, sida… Tu surveilles mon linge intime, vérifies mon cycle et je sais que tu lis aussi mon journal, enfin, mon faux-vrai journal. Celui que je laisse en évidence au fond du tiroir où je sais que tu vas le trouver, dans lequel j'écris des banalités pour te rassurer, t'apaiser.

« Maman, je ne veux plus te mentir ni faire semblant. C'est vrai, je ne suis pas cette fille idéale, sans aucun problème, gentille, soumise et peureuse dont tu rêvais. Je ne sais pas ce que je réactive chez toi, mais je ne veux plus collaborer à cette espèce d'escroquerie dans laquelle je me laisse entraîner malgré moi. Une espèce de contrat implicite d'après lequel je devrais me sentir aimée et acceptée tant que je me moule à tes désirs.

« Maman, je ne veux pas payer le prix de tes peurs... Aussi tu l'as peut-être perçu, actuellement je me tais, je ne partage plus rien avec toi, je m'absente d'une relation vraie. Depuis quelque temps tu redoubles de questions, tu m'agresses, tu m'en veux. Je te fuis pour ne pas te détester encore plus. Et tu ne sais même pas que, ce faisant, je te protège, que je fais tout ça pour toi, pour ne pas augmenter ton angoisse ou ton désarroi...

« Maman, ose me faire confiance en te faisant confiance, c'est urgent. Ta fille, qui t'aime. »

Ainsi, arrive-t-il à tout âge que des enfants prennent sur eux de préserver leur mère ou leur père des effets de la résurgence de leur propre enfance, quand, à leur contact, les blessures anciennes sont réveillées...

Un désert
est un espace d'attente
entre deux oasis.

Silences et messages

Un adulte, c'est-à-dire un enfant devenu grand, peut prendre le risque d'écrire à sa mère pour mettre des mots sur ce qu'il a vécu de douloureux durant son enfance : « Tu ne disais jamais rien de toi, maman, et cependant j'entendais fort ton accablement. Ton silence était si triste que même quand tu souriais, je voyais bien que tu n'étais pas heureuse. Mais ce qui m'a fait le plus violence, maman, c'était ton regard chargé d'angoisse qui se posait sur moi comme une accusation muette... C'est important pour moi de pouvoir te dire cela aujourd'hui sans t'accuser, sans chercher à te culpabiliser, en osant simplement mettre des mots sur ce que j'ai ressenti lorsque j'étais enfant. » Il peut aussi prendre le risque de dire à son père : « Je ne te l'ai jamais dit, mais tu me faisais si peur quand tu criais, quand tu te fâchais pour tout, pour rien, contre maman, contre l'automobiliste qui était devant toi et n'avançait pas assez vite. Et je me détestais de te détester, et je t'en voulais encore plus... »

Comme parent, il n'est pas rare, même si cela nous étonne ou nous choque, que nous recevions un tel retour de la part de l'un de nos enfants à propos de nos aveuglements les concernant. Nous avons le plus souvent le sentiment d'avoir fait beaucoup pour eux. Nous leur avons donné une grande partie de notre temps, consacré bien de nos pensées, et nous avons parfois même sacrifié nos centres d'intérêts, voire des relations, pour pouvoir nous consacrer davantage à leur éducation...

Le plus souvent, nous n'avons pas compris que nous avions fait trop pour eux et pas assez avec eux ! Et quand nous avons tenté de nous ouvrir à plus d'échange avec eux, ce fut souvent au moment où ils s'éloignaient de nous, nous quittaient : à leur tour, ils étaient peu disponibles pour nous entendre...

Nous aurons l'impression d'être l'objet d'une injustice : celle de ne pouvoir leur parler de nous, celle de les perdre au moment où plus de réciprocité pourrait nous rapprocher d'eux. Il en est ainsi parce qu'ils entament une période de vie plus personnelle, plus intime, faite d'ajustements nouveaux.

Ainsi, entre parents et enfants devenus adultes, des malentendus circulent, d'anciennes blessures s'ouvrent à nouveau. Dans tous les cas, il est souhaitable de mettre des paroles sur ce passé douloureux, sans toutefois mettre l'autre en cause... C'est le plus difficile, mais cela est possible. Il suffit que l'enfant parle de ce qu'il ressent : « Je parle à l'homme ou à la femme que tu es aujourd'hui, pourrait-il dire à son parent, mais je m'adresse à l'homme ou à la femme que tu étais quand j'avais dix ans, douze ans, quinze ans... » Et nous, les parents, oserons peut-être leur dire : « Oui, j'ai été cet homme-là, cette femme-là... »

« Si le mot que tu t'apprêtes à prononcer n'est pas plus beau que le silence, ne le prononce pas », nous exhortait Shakespeare. Il y a cependant des mots laids qu'il convient de dire, car ils révèlent l'indicible.

Quand les enfants posent des questions…

Les enfants sont d'infatigables questionneurs. La fraîcheur, la spontanéité et la variété des questions qu'ils posent à leurs parents et aux adultes qui leur sont proches sont des appels à la vie. Ces questions tournent autour de deux thèmes récurrents, qui reviennent sous mille facettes : la mort et l'amour. La mort et son mystère, l'amour et sa fidélité, ses outrances et ses déviances.

La mort renvoie à la fois à la finalité de la vie et à son origine : « C'est vrai papa que tu vas mourir quand tu seras vieux ? » ; « Et quand on est mort, comment on fait pour aller à l'école ? » ; « Grand-mère m'a dit que grand-père était au ciel et qu'il veillait sans arrêt sur nous, mais s'il ne dort pas il va tomber malade alors ! ».

Nous le savons, ce n'est pas tant la question qui importe, ni même la réponse, mais la richesse de l'échange et du partage que la question et la réponse peuvent stimuler entre l'enfant et l'adulte : « Tu sais, papa, le jour où maman mourra, tu n'auras pas besoin d'être triste parce que moi, je pourrai me marier avec toi ! » disait, faussement candide, l'une de mes filles.

Derrière toute question se profilent des interrogations. Le questionnement tente à la fois de masquer et de dévoiler la préoccupation qui est prioritaire, parfois vitale pour l'enfant. Répondre trop vite à la question, c'est risquer de ne pas entendre l'interrogation qui est sous-jacente :

« Maman pourquoi on ne doit pas se montrer tout nu ? » ; « Pourquoi, quand on devient vieux, on a les mains qui tremblent ? » ; « Est-ce que tu crois que si je dis à grand-père qu'il sent trop mauvais, il ne va plus m'aimer ? » ; « Moi je voudrais savoir pourquoi les filles portent des robes et pas les garçons... ».

Les enfants posent des questions pour vérifier quelques-unes de leurs croyances, mais aussi pour établir des passerelles, des ponts entre ce qu'ils voient autour d'eux et les compréhensions parcellaires, et parfois contradictoires, qu'ils en ont : « Est-ce que tu crois que tu m'aimeras toujours ? Parce qu'à l'école ma meilleure copine m'a dit que l'amour ne dure jamais ! » ; « C'est vrai que si on vole on va en prison ? Pourtant l'instituteur nous a dit que pendant la guerre, son papa avait volé des armes aux Allemands, que c'est pour ça qu'il a été décoré et qu'on a donné son nom à une rue... ».

Peut-être faudrait-il, avant de répondre, demander à l'enfant comment lui-même comprend sa question et ce qu'il a envie de dire à travers elle. Par le jeu des questions et des invitations à en dire plus, nous pouvons initier de véritables dialogues. Car un enfant qui pose une question dispose toujours d'un savoir intime, même si ce savoir est limité ou erroné, il sait de quoi il parle quand il prétend ne pas savoir... Il sait à sa façon.

Une de mes filles me disait : « Tu sais, papa,
je sais seulement aujourd'hui, à vingt-cinq ans,
qu'il y a une énorme différence
entre un mec et un homme ! »

Apprivoiser la nudité

Si la nudité est pour certains le plus beau des vêtements, elle est perçue par d'autres comme une gêne, une provocation, voire un outrage.

Certains parents sont persuadés que transformer leur maison ou leur appartement en camp naturiste est une preuve de tolérance et de liberté, favorable au développement et à l'épanouissement de leurs enfants. Il ne s'agit ni d'imposer la nudité, ni d'en tolérer tous les excès. Peut-être faut-il d'abord l'apprivoiser pour soi-même et son entourage.

L'intimité a besoin d'être protégée pour être vécue en toute sécurité et partagée dans le plaisir et la quiétude. La nudité peut être circonstancielle et limitée, ou faire partie d'un mode de vie choisi comme c'est le cas dans certaines familles. Un enfant qui sort tout nu de la salle de bains, à la recherche de son pyjama ou de sa culotte, une maman qui finit de se maquiller en petite tenue, un père qui cherche ses chaussettes ou sa chemise en slip, autant de scènes qui font partie de la vie de beaucoup de familles – mais qu'il n'est pas souhaitable de répéter trop souvent quand les enfants grandissent...

L'âge et les circonstances invitent à poser des balises, à respecter certaines inhibitions, à marquer des étapes, à la fois pour les enfants et pour les adultes.

Je crois que nous savons tous combien les orifices du corps sont des endroits intimes qui ont besoin d'être respectés. Tous les enfants éprouvent de la gêne lors de l'investigation des oreilles, de la bouche, de l'anus ou du sexe. La pudeur, en ce sens, est une réaction de protection contre l'intrusion, intempestive ou imposée, du regard, du geste ou de la proximité d'un autre qui ne respecte pas la distance nécessaire à chacun.

Depuis quelques années, on observe un retour à la pudeur, une protection plus conscientisée du corps, même si, en parallèle, les vêtures sont de plus en plus minimalistes. Mais porter un *string* ou un maillot brésilien sur une plage au milieu de tous n'est pas la même chose que se promener ainsi vêtu au milieu de ses proches ou parmi des amis, dans un espace familier. La nudité trop affichée d'une petite fille de huit ou neuf ans peut réveiller des sentiments troubles et susciter des réactions surprenantes chez des invités ou des proches.

La construction de l'identité passe par l'apprentissage de l'intimité. Il n'est pas nécessaire de proférer des menaces ou des interdits, mais d'avoir, en tant que parents et adultes, une position claire, sans ambiguïté.

Les excès de certaines scènes présentées à la télévision, d'affiches vues dans la rue ou de témoignages rapportés de vacances heurtent parfois violemment les exigences de la vie de famille. Ce sont souvent les mères qui se posent des questions sur les limites de la nudité, et par là, de l'intimité. Le bain avec bébé oui, mais jusqu'à quel âge ? Peut-être pas au-delà d'un an ou deux ? En fait jusqu'au moment où l'enfant commence à jouir d'une certaine autonomie ; quand il a accès à la capacité de se déplacer et de jouer seul dans son bain, il vaut mieux le laisser seul dans la baignoire !

Entre trois et cinq ans, l'enfant éprouve le besoin de montrer son corps, il en est fier, passe par une phase d'exhibitionnisme qui inquiète parfois les parents : « Maman, regarde, regarde comme mon zizi est droit ! » ; « Maman, regarde, la serviette tient toute seule... ». Peut-être sera-t-il souhaitable de confirmer ce petit garçon dans sa virilité naissante, mais il faudra aussi l'inviter à ne dévoiler son corps que dans l'intimité de la chambre.

Certaines petites filles veulent voir comment « papa fait pipi ». D'autres, garçons ou filles, désirent embrasser sur la bouche. Sans doute faudra-t-il leur expliquer que le baiser sur la bouche est réservé aux relations amoureuses, que le bisou de tendresse sur le visage ou dans le cou est réservé aux relations parentales et aux amis proches.

Être bien avec soi passe par le respect d'une intimité protégée et suffisamment assurée pour permettre l'accord intime avec le meilleur de soi-même.

Les idées fortes
ne sont pas acceptables
pour autant...

« Maman, je saigne... »

L'arrivée des règles dans la vie d'une petite fille, d'une jeune fille devrais-je dire, est à la fois un cataclysme et l'équivalent d'une naissance. Même lorsqu'elle est prévenue, informée, sensibilisée, l'arrivée des menstrues, du sang qui coule, rouge et vigoureux, là, entre les jambes, est toujours une surprise pour une fillette qui devient pubère.

Les règles surviennent le plus souvent à un « mauvais » moment, alors que la jeune fille ne les attend pas. Elles « coulent » dans les situations les plus délicates et votre enfant peut se sentir en difficulté, gênée. D'un seul coup, toutes les recommandations préventives sont oubliées. Oublié où se trouve le fameux petit sac préparé par maman, dans lequel il y a du coton, une serviette hygiénique et deux ou trois bricoles prévues pour accueillir l'événement ! Oublié ce qu'il faut faire, dire, oser...

Ça saigne, ça risque de se voir, de tacher la jupe ou le blue-jeans, et surtout, on ne sait pas comment arrêter cela. « Est-ce que ça va continuer longtemps ? » ; « Est-ce que je vais perdre tout mon sang ? » ; « Est-ce que je ne vais pas me trouver mal ? » ; « Est-ce que ça se voit ? ». Sans dramatiser à l'excès, toutes ces pensées affleurent plus ou moins à la conscience de la jeune fille. De vieilles angoisses remontent à la surface : « Et si j'allais me vider, mourir comme ça bêtement dans les toilettes où je me suis enfermée ? Ce fichu papier hygiénique qui n'absorbe rien. J'en ai plein les doigts… »

Parfois votre fille ne dira rien : elle attendra quelques heures, quelques jours pour se familiariser avec son nouveau corps de femme. D'autres fois, elle posera des interdits : « Surtout tu ne dis rien à papa ! » ; « Tu n'en parles pas à mon frère, il va encore se moquer de moi. ». Attente, pudeur, apprivoisement, besoin de garder cet événement dans l'intimité, peur du qu'en-dira-t-on ? Dans certaines cultures, il existe des rituels, on fait une fête pour saluer le passage du monde de l'enfance à celui de l'adulte. Chez nous, ce moment est plus voilé, plus discret. Certaines jeunes filles adoptent des pratiques personnelles comme de mettre des sous-vêtements de couleur au moment des règles, un peu plus de rouge à lèvres, un petit bijou à la fois fantaisiste et discret, telle une réparation…

Cet événement, qui est important, est rarement accueilli dans la joie. Il le pourrait pourtant. Ce serait une façon de saluer un passage, un changement d'état, et de tenter de compenser la vague de tristesse qui parfois l'accompagne.

L'arrivée des règles signifie aussi, d'une certaine façon, quitter un état, se séparer de l'innocence de l'enfance, pour aller vers un devenir encore incertain… de femme.

La tendresse nous permet de naître à l'enfance, mais c'est grâce à l'amour que nous entrons dans la vie adulte.

« J'ai découvert que ma fille est homosexuelle »

C'est une mère qui parle ainsi, éprouvant beaucoup d'émotion, de trouble et de bouleversement intérieur.

« Dans un premier temps, j'ai tenté de nier, de penser que c'était juste une expérience, un entraînement un peu facile, une erreur, voire une provocation vis-à-vis de moi... Puis, devant la position très claire de ma fille me disant qu'elle aimait une femme, la tempête a commencé dans ma tête. Je ne pouvais m'empêcher d'imaginer des images qui me révoltaient. Ce qui dominait, c'était l'idée de relations sexuelles contre nature. Une expression qui remontait de mon enfance : "Ah ! ces deux-là, ils ont des relations sexuelles contre nature !", disait ma mère en parlant de deux garçons-coiffeurs chez lesquels elle allait pourtant se faire coiffer !

« Ma fille a bien senti que j'étais perturbée, blessée, rejetante même. Elle a pris position avec beaucoup de fermeté et de tendresse en m'écrivant une belle lettre où elle disait : "Depuis plusieurs années, j'ai hésité à t'en parler, maman, je pressentais que ce ne serait pas facile pour toi. Jusqu'à maintenant je suis restée très discrète à propos de ma relation amoureuse. Mais mon amie et moi, nous envisageons de vivre ensemble et je ne veux pas avoir à mentir. Je préfère mettre les choses au clair, même si je te déçois, même si je risque de te perdre. Maman, il est important pour moi de me respecter, car j'aimerais te présenter mon amie, si cela te paraît possible de nous recevoir ensemble." »

Cette mère a eu besoin de plusieurs mois de réflexion pour se sentir capable d'accepter de rencontrer sa fille et la compagne de celle-ci. Je voudrais reprendre ici l'essentiel de ce qu'elle a pu dire à la suite de cette première rencontre : « Mon mari avait refusé d'être présent. Il a préféré aller à la pêche ce week-end-là. C'est son système à lui : devant une difficulté à affronter, il fuit. J'ai accueilli ma fille et son amie. Au cours du repas, je n'ai plus vu deux homosexuelles, mais deux femmes qui s'aimaient. J'ai été bouleversée par le respect mutuel qu'elles se témoignaient, leur simplicité et cette liberté inouïe qu'elles avaient l'une envers l'autre dans leurs gestes et leur conduite. Soudain je me suis mise à rire à l'intérieur de moi, en pensant que jamais on ne m'avait traitée d'hétérosexuelle parce que je fréquentais un homme ! Cette rencontre a changé beaucoup de choses en moi… »

Cet exemple montre tout le chemin parcouru par cette mère pour simplement sortir des stéréotypes… Combien, parfois, nous avons besoin, pour grandir, que nos enfants nous délogent de nos certitudes…

Quand l'amour est l'expression
la plus absolue de la liberté,
il est vraiment amour.

« Ai-je le droit de travailler alors que j'ai des enfants ? »

C'est une question qui suscite des avis incroyablement contradictoires. Des études américaines récentes tentent de montrer que les enfants dont les mères travaillent ont un développement cognitif moins bon, en termes d'apprentissages culturels et sociaux, que les enfants des mères au foyer. Une étude suédoise constate l'inverse, à savoir que les enfants placés en garde non parentale, nourrice ou crèche, ont un meilleur développement cognitif et socio-émotionnel que les autres.

Il faut signaler qu'il s'agit d'un double équilibre à trouver : un équilibre personnel à la mère qui doit s'ajuster à ses différents rôles, et un équilibre dans la qualité de l'accueil et les soins que peuvent offrir une nourrice, une nounou, une crèche. Les enfants vont bien quand on s'occupe bien d'eux, que ce soit à l'intérieur où à l'extérieur de la famille. La qualité de l'accueil qui est offerte à l'enfant, la stabilité des humeurs de ceux qui l'entourent, la permanence et la régularité des présences significatives sont plus importantes que leur quantité. Il faut aussi savoir que le facteur déterminant pour le développement de l'enfant qui a atteint quatre ans réside dans son milieu socio-économique, la souplesse de ce milieu et sa capacité de s'adapter pour répondre au mieux aux besoins relationnels de l'enfant.

La question posée : « Ai-je le droit de travailler alors que j'ai des enfants ? », me semble être une fausse question qui dénote le doute chez la femme et la mère. Si le fait de travailler ne réactive pas de conflits anciens, si la femme n'a pas le sentiment d'être exploitée et contrainte dans ses différents rôles d'épouse, de mère, de professionnelle, elle sera capable de gérer chacun de ces engagements et de les équilibrer.

Si une femme qui travaille n'est pas culpabilisée par son entourage ni envahie par ses propres fantasmes personnels de mère au foyer idéale, comprenez dévouée, attentive, disponible en tout temps, alors il est vraisemblable qu'elle saura répondre aux besoins des uns et des autres sans éprouver de conflits majeurs.

Il faut dire aussi qu'une femme s'équilibrera d'autant plus dans ses rôles d'épouse, de mère, de professionnelle, qu'elle recevra des gratifications réelles, des soutiens, des confirmations, de la bienveillance et de l'amour dans chacune de ses sphères d'activité. Surtout si elle se sent réellement soutenue par son partenaire sur le plan de la prise en charge effective et régulière d'une partie des tâches familiales... De ce point de vue, il y a, semble-t-il, du chemin à faire, puisqu'une enquête récente dévoile que la participation des hommes aux différentes tâches ménagères a augmenté en dix ans... d'une minute par jour – environ six heures par an...

À partir d'un certain niveau de soutien,
les craintes peuvent se transformer en courage.
Forcez la dose !

La famille dans tous ses états...

Il n'y a plus de modèle, chacun des parents se doit d'inventer, d'innover, de tâtonner, de s'égarer et cependant de créer à chaque instant un présent acceptable pour maintenir vivant cet équilibre instable et périlleux qu'on appelle une famille.

Vivre dans une famille recomposée

Vivre avec une nouvelle femme, un nouvel homme et, de plus, avec les enfants d'une ou d'un autre, c'est prendre le risque de voir réactiver des situations laissées inachevées dans l'histoire de chacun, et donc d'avoir à affronter divers malentendus et conflits qui se révéleront parfois difficiles à dépasser et le plus souvent très douloureux pour les uns et pour les autres.

Certains hommes qui n'ont pas eu d'enfants font ainsi le grand saut en se mettant en ménage ou en se mariant avec une femme qui a encore à sa charge les enfants qu'elle a eus avec un autre. Ces hommes seront involontairement pris dans une relation de nature parentale, pour laquelle ils n'ont eu aucune préparation et ne disposent d'aucun ancrage. Ils devront affronter, au quotidien, la difficulté de vivre avec des enfants qui ne sont pas les leurs et qui n'ont pas souhaité (dans la plupart des cas) leur présence auprès de leur mère !

La difficulté, pour le nouveau venu, consistera à pouvoir nommer sa nouvelle relation. L'homme et la femme qui se mettent en ménage, qui fondent un couple, peuvent le faire sans difficultés : relation amoureuse, de compagnonnage ou conjugale. Mais l'enfant, par contre, ne peut nommer la relation qu'il a avec l'inconnu qui vit avec sa mère ou avec la nouvelle partenaire de son père. Il n'existe pas de terme particulier pour la désigner, pas plus que de modèle pour la vivre. Cette relation est à inventer.

Beaucoup de questions surgiront quant au *comment faire* en ce qui concerne les contacts, les demandes, les refus, la participation mutuelle au fil de la cohabitation quotidienne. Quel type d'intervention ? Ni trop interventionniste, ni trop laxiste ! Quelles attitudes faut-il adopter ? Quelle tolérance avoir pour un enfant, une adolescente dont vous n'êtes pas le père ou la mère, et qui entre dans votre vie avec sa propre histoire ?

Il y a les petites phrases qui usent et blessent, l'habileté diabolique de certains enfants à déstabiliser l'intrus, à décourager celui qui est vécu comme un ennemi, celui qui cherche à faire sa place, sans compter les comparaisons pleines de piquants avec le père ou la mère d'origine… Les termes de « beau-père » et « belle-mère » ne donnent aucune idée des sentiments réels qui animent chacun des protagonistes et de la nature des relations qu'ils peuvent réellement proposer.

En s'appuyant sur toutes ces interrogations, il est possible avec humour (pas ironie), respect, patience et ténacité de jeter les bases d'une cohabitation sereine. Je propose souvent de choisir un prénom ou un surnom spécifique à l'enfant et au beau-père ou à la belle-mère qui ne sera utilisé que par eux ! Petit clin d'œil à l'unicité de leur relation. Ces prénoms seront comme un ancrage pour tendre une passerelle, poser des bases pour construire un pont qui permettront que circule et se développe ensuite un échange plus personnalisé – mais cela reste, je le rappelle, à inventer et à bâtir au quotidien.

S'il arrive à l'espoir d'être aléatoire,
l'espérance est certitude,
alors appuyons-nous sur elle !

Le nouveau copain de maman, la petite amie de papa...

La plupart des enfants, quand ils voient arriver dans leur vie le nouveau partenaire du parent séparé ou divorcé avec lequel ils vivent, considèrent celui-ci comme un intrus et ont des réactions de rejet, de fuite et même d'agressivité envers lui, voire vis-à-vis de leur parent. « Tu préfères recevoir ce type (ou cette femme) plutôt que t'occuper de nous ! Alors on ne te suffit plus ? » Les enfants disent cela avec une très grande habileté pour entretenir la collusion qu'ils souhaiteraient voir encore exister entre l'ancienne relation amoureuse ou de couple de leurs parents et la relation parentale.

Que les parents soient séparés depuis quelques mois ou plusieurs années ne change rien aux positions défensives ou agressives des enfants et à leurs puissantes techniques de sabotage.

Tant qu'ils imaginent que leurs parents pourraient revivre ensemble, les enfants sont capables d'être désagréables, de faire la guerre, d'empoisonner la rencontre ou la relation de compagnonnage qu'amorce le parent avec lequel ils vivent et de miner la nouvelle relation affective, comme ils peuvent, d'ailleurs, lutter contre la nouvelle partenaire de leur père qu'ils ne rencontrent pourtant que deux ou trois fois par mois !

J'ai déjà abordé cette question, qui revient souvent dans les interrogations de ceux qui me lisent : « Comment faire, comment s'y prendre pour que ça marche bien, pour que chacun y trouve son compte ? » Tout d'abord se dire que « ça » ne marche pas tout seul. Il s'agit d'un apprivoisement délicat, souvent douloureux, car les enfants du couple de base, pour tenter de panser, de nier la blessure laissée en eux par la séparation de leurs parents, poussent à la réactivité et le parent qu'ils ont sous la main et son nouveau partenaire. Pour ce faire, ils font montre d'une créativité tous azimuts : « Tu vois, papa, on peut même pas discuter, on ne peut rien dire à ta copine, elle prend tout pour elle. Pour toi, c'est toujours de ma faute si elle est malheureuse quand je suis là ! J'en ai marre, rien ne va plus dans cette baraque depuis qu'elle est arrivée ! »

Les enfants peuvent aussi, avec une sincérité scandaleuse, mettre le parent en accusation et tenter de le culpabiliser : « Ouais, chaque fois que ton copain vient dormir à la maison, il n'y en a que pour lui, moi j'existe plus, tu ne viens même plus nous embrasser le soir comme tu le faisais avant ! On doit raser les murs, se coucher tôt, te laisser toute seule avec lui ! On n'est plus chez nous. Et il est d'un sans-gêne ! Il laisse traîner ses affaires partout, ça pue son odeur dans la salle de bains, on dirait que la maison est toute à lui. En plus, tu le nourris, il ne sait même pas se faire à bouffer... C'est pas une pension pour homme seul ici ! » Tout est bon pour disqualifier l'intrus, l'affaiblir, le déstabiliser, au fond, pour tenter de l'éjecter de sa relation avec maman (ou papa) !

Une fois de plus, il faudra oser mettre des mots, non sur les faits, mais sur ce qui est vécu par chacun. Comme femme, comme homme, oser prendre position : « J'ai choisi cet homme, cette femme. Avec lui, avec elle, j'ai une relation amoureuse, c'est à vous d'inventer ou de trouver la relation que vous pouvez développer avec lui ou elle ! »

Une relation s'appuyant sur deux personnes, il appartiendra au nouveau partenaire de gérer, en se respectant, la façon dont il reçoit ce qui lui arrive. Il sera aussi responsable de ce que lui-même investit dans la relation.

Dans tous les cas, il faut mettre des mots, non sur des sentiments qui n'existent pas toujours, mais sur le vécu, démystifier les systèmes relationnels qui s'enclenchent de façon quasi automatique et qui polluent la moindre tentative de communication.

Au-delà de la patience, il conviendra d'avoir une écoute centrée, une vigilance sensible et une capacité d'humour tendre à toute épreuve.

Il faut être attentif aux cheminements du bonheur parce qu'il ne repasse jamais deux fois au même endroit.

« J'aime pas le monsieur qui vient dormir ! »

Deux couples sur quatre se séparent, et plus de la moitié d'entre eux recréeront de nouvelles relations dans les années qui suivent. Les couples et les familles ainsi reconstitués devront construire et reconstruire des relations où les registres amoureux, parentaux et familiaux se mêleront et s'imbriqueront sans toujours faciliter les rencontres au quotidien !

Sur le plan *amoureux,* un homme et une femme qui éprouvent le besoin d'un rapprochement intime se lancent parfois dans l'aventure de l'amour avec un passé encore trop proche qui n'est pas toujours clarifié ou assaini.

Sur le plan *familial* élargi, avec les belles-familles anciennes et nouvelles, les croisements de liens, les intérêts divergents, les priorités pas toujours bien comprises des uns par rapport aux autres, il se crée tout un enchevêtrement de relations parfois complexes et difficiles à vivre.

Sur le plan *parental,* comment trouver le type d'intervention, la bonne distance, la position vis-à-vis des enfants de l'un ou de l'autre ? Comme c'est souvent la femme qui a la garde des enfants, ceux-ci voient apparaître, d'abord discrètement, puis avec de plus en plus d'assurance, le nouveau partenaire de leur mère. Lorsque les enfants passent le week-end chez leur père, ils sont appelés à découvrir un jour ou l'autre que son « invitée particulière » occupe les lieux avec beaucoup de familiarité ! Trop à leur avis, aussi vont-ils tenter d'éloigner ou de décourager l'intrus(e) en usant de tous les moyens.

Beaucoup d'enfants vivent cela en étant animés par un conflit de fidélité : ils ont le sentiment de trahir leur père en acceptant le nouveau partenaire de leur mère, et pour ne pas trahir celle-ci, ils s'interdisent de faire risette ou de paraître trop familiers avec la nouvelle bien-aimée de leur père. « Je n'aime pas le monsieur qui vient dormir avec maman, il n'a rien à faire ici, c'est pas chez lui » ; « Qui c'est cette femme qui veut nous faire les repas et qui se mêle de nos affaires ? Et puis de quel droit elle s'occupe de moi et de ma sœur, on ne lui a pas demandé d'être là, nous ! ».

Le nouvel arrivant est souvent mal accueilli, mal accepté, voire rejeté, cela durant une période de purgatoire plus ou moins longue – en tout cas, tant que l'enfant espère que ses parents pourraient « s'ils le voulaient bien » vivre à nouveau ensemble. « N'est-ce pas, maman, qu'on pourrait prendre papa avec nous ? D'ailleurs je crois qu'il est d'accord pour revenir... » ; « Si maman revenait avec toi, papa, ta copine, elle pourrait rester chez elle, on serait bien tous les trois ensemble, comme avant ! ».

Certains enfants, en rejetant le monsieur qui vient dormir à la maison, la femme qui partage le lit de papa, tentent de contrôler la vie affective et sexuelle de leur mère ou de leur père. Ils perçoivent l'amant, la nouvelle partenaire, comme un intrus et même parfois comme un rival qui va les déloger de la position de soutien qu'ils assument ou croient (ou désirent) assumer : celle de « petit homme » chez le garçon qui cherche à développer une relation de réciprocité avec sa mère ; celle de « petite femme » chez la fille qui, si elle est trop attachée à son père, aura tendance à traiter la nouvelle amie de celui-ci comme une rivale, voire comme une domestique.

Le type d'interventions éducatives devra aussi être régulé. Pour ce faire, il faudra tenir compte de la réaction des enfants : qu'acceptent-ils et que rejettent-ils ? La difficulté principale réside dans le fait que la nouvelle relation avec les enfants est à inventer au quotidien.

Au début, il n'existe pas de références affectives s'appuyant sur un savant dosage du « faire » et du « être » et surtout du « faire séparément » ! Osez dire : « C'est vrai, je n'ai pas choisi de vivre avec toi, mon choix principal était ta mère (ton père). C'est peut-être la même chose pour toi… » Pour le nouveau venu, prendre le risque de se confronter aux enfants plutôt que de les affronter.

Tout cela suppose évidemment que le conjoint délaissé n'utilise pas ses enfants comme otages ou comme enjeux pour maintenir le conflit avec son ex-conjoint et entretenir ainsi artificiellement une relation qui devrait trouver d'autres supports.

Le présent ne doit dépendre ni de l'évanescence du passé, ni de l'incertitude de l'avenir. Il doit se vivre au présent.

« Ma mère est amoureuse d'un garçon plus jeune que moi, je ne le supporte pas ! »

La personne qui témoigne ainsi semble être un jeune homme. Ce dernier, voyant arriver dans la vie de sa mère un jeune de son âge, plus jeune peut être, le perçoit comme un rival affectif, un intrus. Ce qui se déclenche alors en lui peut se situer à plusieurs niveaux :

• une réactivation de la position œdipienne ou d'une rivalité fraternelle encore active. Celle-ci resurgira avec d'autant plus de force que la situation d'origine n'a pas été réglée ;

• une fidélité au père disparu ou absent, dont l'adolescent se sent garant ;

• la perte de la place privilégiée qu'il occupait auprès de sa mère qui porte à présent son attention sur un autre que lui.

Quoi qu'il en soit, c'est à la mère de prendre position, en ne laissant pas croire à son fils qu'il peut contrôler sa vie amoureuse et sexuelle. Ses choix de vie lui appartiennent et ne relèvent que de sa propre éthique personnelle. Elle aura certainement à s'interroger sur sa nouvelle orientation amoureuse : que représente pour elle un garçon de l'âge de son fils ? Comme d'ailleurs un homme pourrait le faire quand il tombe amoureux d'une très jeune fille…

Ce n'est pas tant la différence d'âge qui est en cause ici que les représentations des uns et des autres, les intolérances latentes mais qui restent vives. Pour un enfant, autant que pour un adulte, il est difficile de se représenter la vie sexuelle de ses parents, en particulier, pour un adolescent, celle de sa mère.

Beaucoup de femmes témoignent que la différence d'âge n'est pas un obstacle, même si au début elles avaient quelques réserves. Il faut aussi avoir à l'esprit qu'une telle relation s'inscrit souvent dans un contexte dynamique qui correspond à un moment particulier de l'histoire d'une femme. Entre une femme qui dit « Je me sentais vieille, moche, dans les yeux des hommes de mon entourage. J'avais besoin de me prouver que je pouvais plaire et être désirée », et une autre qui constate « Ce fut l'équivalent d'un coup de foudre, rien ne m'aurait retenue, rien ne m'aurait empêchée d'aller vers lui », il y a toute la gamme des possibles que l'amour permet de connaître à tout âge !

Il faut peut-être ajouter, même si on ne le croit pas au départ, que dans ces relations passionnées le sentiment de transgression, de briser un interdit, joue un rôle important en ce qu'il impulse un élan puissant propre à alimenter les autres sentiments qui constituent ce que l'on appelle l'amour. Et peut-être aussi accepter qu'une relation avec une différence d'âge très marquée est sans doute plus vulnérable, plus fragile qu'une autre...

Chaque individu a une histoire,
chaque événement plusieurs sources,
chaque rencontre une infinitude de possibles.

Charte de vie relationnelle pour des parents divorcés

Je reçois beaucoup de courrier de femmes et d'hommes séparés, m'interpellant sur leurs difficultés à poursuivre une relation non conflictuelle avec leur ex-conjoint de façon à pouvoir assumer au mieux la poursuite du lien parental, trop souvent malmené par les conséquences affectives, matérielles et psychologiques du divorce. À ceux qui naviguent au plus près entre ressentiments, compromis, tentatives d'accord et conduites réactionnelles aux provocations ou maladresses de l'un ou de l'autre, je dédie cette charte invitant à se rappeler que :

• Le divorce ou la séparation de deux personnes est la rupture du lien conjugal et non celle du lien parental.

• Si l'on se sert des enfants pour donner suite au conflit, entretenir une relation fictive ou tenter de faire pression sur l'autre, c'est que le travail de deuil lié au divorce n'a pas été fait et que cette situation renvoie à des blessures personnelles plus anciennes. Ce travail sur les blessures ne peut se faire au travers d'un conflit ou d'une revendication envers son ex-partenaire, mais seulement à partir d'un travail sur soi, le plus souvent accompagné par un consultant ou un thérapeute.

• Tout membre d'un couple séparé aura à prendre soin d'au moins trois relations :

— La *relation parentale* qui permet de se parler, de communiquer, et oblige parfois à se rencontrer à propos des enfants.

— Pour la femme, la *relation maternelle* : elle devra rester fidèle aux deux grandes fonctions qui lui incombent, mère et maman, sans prendre sur elle de remplacer le père absent, de parler en son nom, de le disqualifier ou de le magnifier.

— Pour l'homme, la *relation paternelle* : il devra quant à lui demeurer fidèle aux deux grandes fonctions qui lui incombent, à savoir être père et papa. S'il ne peut voir ses enfants qu'occasionnellement, il devra éviter de se laisser envahir par la fonction de papa, plus gratifiante et moins frustrante que celle de père. Il est en effet très tentant de se présenter comme un papa *cool*, laxiste et copain, lorsque l'on ne reçoit ses enfants que deux week-ends par mois et durant la moitié des vacances scolaires dans le meilleur des cas !

— Chacun devra enfin, si c'est le cas, baliser plus clairement la *relation intime,* privilégiée, qu'il a avec un nouveau partenaire en évitant de faire jouer à celui-ci le rôle du parent absent... Par ailleurs, cette relation amoureuse (de compagnonnage ou conjugale) ne doit pas être mise sur le même plan que la relation avec les enfants. Dire « Je donne la priorité à mes enfants (ou à mon ami(e) », c'est créer une grande confusion en mettant le nouvel arrivant et les enfants sur les deux plateaux d'une même balance alors que les deux relations ne se situent pas sur le même plan. Il s'agit bien de deux relations différentes.

• Tous les parents, séparés ou non, sont là pour répondre aux besoins des enfants (jusqu'à ce que ces derniers atteignent un certain âge, car ensuite ce sont eux qui y répondent eux-mêmes), mais ils ne sont pas là pour satisfaire tous leurs désirs (ni pour gérer à travers eux leur culpabilité d'avoir mis fin à la relation de couple !).

• Accompagner, soutenir le grandissement, l'épanouissement ou le devenir d'un enfant qui a été conçu par deux adultes aujourd'hui séparés est un engagement pour la vie. Au-delà des besoins de sécurité et de survie, chacun des parents devra aussi entendre et satisfaire d'autres besoins importants, affectifs, relationnels : besoin de se dire, d'être entendu, reconnu et valorisé, besoin d'intimité et d'appartenance.

Il ne s'agit pas pour l'un ou l'autre des ex-conjoints ou ex-partenaires de vie de se servir de cette charte pour faire la leçon à l'autre ou laisser croire que l'un est plus conscient que l'autre de ses devoirs. Il paraît plus important de s'y référer pour soi-même :

• pour la femme, ne pas s'affirmer face aux enfants comme une ex-épouse frustrée, revendicatrice ou accusatrice ;

• pour l'homme, ne pas tenter de saboter, d'envahir ou au contraire de fuir, voire de punir son ex-épouse ou compagne au travers des enfants ;

• pour les deux, ne pas mettre en scène ou entretenir un jeu de pouvoir ou de victimisation en se servant des enfants ;

• pour chacun, apprendre à se situer comme un adulte face à un autre adulte, avec une conscience actuelle, des responsabilités qui lui incombent par rapport à ses enfants et à leur avenir.

Apprendre à se séparer, c'est parfois accepter de se réconcilier avec soi-même et l'image de soi que l'on avait mise de côté en restant trop longtemps dans une relation de couple qui n'était bonne pour aucun des protagonistes.

Trop d'enfants autrefois, trop de parents aujourd'hui !

Dans les familles d'autrefois il n'était pas rare de compter dix, douze, parfois même quinze enfants. Certains étaient attendus, désirés, espérés, d'autres un peu moins. Les aînés, surtout les aînées, jouaient quelquefois un rôle de maman auprès des derniers, les tard venus, et un équilibre affectif plus ou moins satisfaisant se construisait ainsi entre les générations.

Chacun tentait de trouver son content de soins, d'attentions, d'affection et de nouer des relations structurantes et significatives soit avec papa ou maman, soit avec une tante ou une grand-mère, soit encore avec un frère ou une sœur aînée qui acceptait de les accompagner au plus près, de les prendre en charge, de les guider face aux urgences de la vie.

Aujourd'hui, la famille dite *nucléaire,* réduite à un père, une mère et un ou deux enfants, ressemble souvent à un désert relationnel où la pauvreté des échanges domine, où le partage se fait rare et uniforme autour des questions matérielles et banales du quotidien. Avec l'augmentation des divorces, des séparations et la reconstitution, parfois en série, de nouveaux couples, certains enfants se retrouvent avec plus de parents...

qu'ils ne le souhaitent. Bien sûr, les parents d'origine restent le plus souvent privilégiés. Les *pièces rapportées* sont investies très différemment suivant les âges. Le nouveau partenaire d'une mère divorcée ne devient pas nécessairement un père, mais il peut parfois représenter un « papa » plus gratifiant, plus proche, plus valorisant que le père réel.

Une des difficultés des couples reconstitués sera justement de ne pas s'inscrire en priorité dans des rôles de parents. Chacun des partenaires devra d'abord se présenter comme étant le compagnon (la compagne) de la femme (de l'homme) avec laquelle (lequel) il ou elle vit, avant de se situer par rapport aux enfants qui ne sont pas les siens. La « parentification », centrée autour du respect de quelques grandes fonctions (vigilance et cohérence entre ce qui est dit et ce qui est fait, témoignages d'engagements, de valeurs, autour d'une présence réelle et sécurisante, souci d'une clarification possible entre les sentiments et la relation proposée...), demande du temps, du doigté, du respect. La parentification viendra ensuite. Les enfants, après l'épreuve d'un divorce, d'une rupture entre leurs parents d'origine, ont avant tout besoin, dans leur environnement proche, d'adultes qui savent se situer, prendre position, trouver la bonne distance par rapport à eux.

Le peu que j'ai, je l'agrandis en le donnant.
Le peu ou le beaucoup que je donne,
je le valorise en le proposant sans contrepartie.

À la recherche de nos origines

Il y a ceux qui savent, qui sont sûrs que leur papa est bien leur géniteur, et que leur maman les a portés dans leur ventre durant neuf mois dans le meilleur des cas. Ils connaissent sur le bout des doigts les grands faits de la saga familiale : comment, en 1916, grand-père, le père de papa, a cassé son épée de Saint-Cyrien pour ne pas la remettre à un commandant allemand, comment grand-mère, du côté de maman, a été amoureuse d'un aviateur espagnol durant la guerre d'Espagne, comment l'autre grand-père a été obligé de vendre la ferme pour aller travailler à l'usine, ou encore comment le premier amour de maman est mort d'un accident de moto, même que papa ne voudra jamais que l'on fasse de la moto…

Il y a ceux qui doutent, qui s'interrogent en silence : « Est-ce que papa est bien mon papa ? Si c'était mon vrai papa, il ne serait pas aussi méchant et dur avec moi » ; « Est-ce que maman est bien ma mère, est-ce qu'elle ne m'a pas adopté ? Car je sens bien qu'elle ne m'aime pas autant que mon frère ».

Il y a ceux qui savent que leurs parents ne sont pas leurs géniteurs et qui, un jour, veulent savoir d'où ils viennent, qui les a faits. Il y a aussi ceux qui croyaient savoir et qui découvrent, quand ils peuvent enfin l'entendre, qu'ils ne sont pas l'enfant de cet homme, de cette femme qu'ils ont toujours appelés « papa » et « maman » sans difficulté ni interrogation. Ceux-ci se mettent à rassembler, à associer les morceaux d'un puzzle, jusque-là dans le désordre. Ils découvriront peut-être, non leur véritable père ou mère, comme il est parfois habituel de les nommer, mais leur géniteur, leur génitrice, c'est-à-dire une partie de leurs racines. Je crois qu'il faudrait dire plus clairement à ces enfants, parfois devenus adultes, qui partent à la recherche de leurs origines, qui tentent de remonter à la source d'où ils sont issus, que c'est rarement un père ou une mère qu'ils retrouveront, mais seulement celui ou celle qui leur a transmis la vie, même s'il n'a pu les accompagner au-delà. Et tout cela ne se passe pas comme dans les romans de la collection *Harlequin* : maman ne les a pas conçus secrètement avec un prince exilé ou un aristocrate en conflit avec son milieu, mais le plus souvent avec un mécanicien, un apprenti comptable, un boulanger ou un simple matelot. Papa n'est pas le fils naturel d'un banquier, d'un écrivain célèbre ou d'une star de cinéma !

Retrouver son géniteur, sa génitrice, c'est aller à la découverte de son histoire et, ce faisant, se donner la possibilité de trouver un sens à des comportements, à des conduites atypiques ou singulières, qui, semblables à des antennes, cherchaient à capter l'indicible. C'est ainsi qu'en retrouvant, à cinquante ans, mon géniteur, j'ai mieux compris ce qui m'avait poussé, à vingt-trois ans, à faire de la sculpture durant quelques années. J'ai découvert que mon arrière-grand-père paternel était un sculpteur issu d'une lignée de tailleurs de pierre. Se relier à ses origines, c'est accepter la part d'héritage culturel et affectif qui nous a été transmise, héritage que nous aurons à notre tour à transmettre, pour tout ou partie !

Quand le temps est venu de suivre au travers de mille signes la trace qui peut nous conduire à la source de notre histoire...

Quand l'enfant adopté recherche ses parents d'origine…

Dans cette quête, nous pouvons entendre plusieurs choses. Tout d'abord le besoin, j'ai envie de dire le droit légitime de connaître ses origines. Ensuite, le fait qu'un enfant adoptif n'est pas toujours un enfant « adoptant ». Il a été adopté, aimé, souvent pris en charge avec beaucoup de soins, de respect et de cohérence. Mais lui n'a pas nécessairement adopté ses parents de remplacement. Il peut, intérieurement, éprouver un conflit de fidélité, se sentir déchiré entre l'amour qu'il ressent pour ses parents adoptifs et celui qu'il porte à ses géniteurs, même s'il n'a jamais rencontré ces derniers !

Il me paraît important de dire qu'un enfant adopté a peu de chance de retrouver ses « parents ». Je veux dire qu'il retrouvera peut-être ses géniteurs, l'homme qui l'a conçu ou la femme qui l'a porté durant neuf mois dans son ventre. Mais il est peu vraisemblable qu'il retrouve un père, une mère, un papa, une maman, puisque justement, s'il a été adopté, c'est que ses géniteurs n'étaient pas en mesure d'exercer l'une ou l'autre de ces fonctions.

Pour autant, retrouver ses géniteurs, se relier ou se réconcilier avec eux, n'est pas rien. C'est une belle aventure ! La question des origines est centrale pour chaque être humain. Elle se traduit chez tous les enfants par des questions qui font parfois sourire : « Dis papa, où j'étais moi avant d'être dans le ventre de maman ? » ; « Où j'étais, maman, quand je n'étais pas né ? »...

La recherche des origines resurgit très fortement à l'adolescence, période durant laquelle l'enfant se met au monde lui-même, devient plus responsable de ses choix, cherche des racines plus solides avant de s'élancer dans la vie. Il recherche des ancrages, veut retrouver les liens du sang pour mieux s'inscrire dans la vie et construire davantage son existence.

On me demande souvent « Ça sert à quoi de savoir qui sont nos géniteurs puisqu'ils nous ont abandonnés ? », ou encore « Et si je découvre que mon père est un assassin ou un malade mental enfermé à vie en hôpital psychiatrique ? ». Cela sert à retrouver ses origines, si on ne confond pas la personne et ses actes, le géniteur et son comportement à un moment donné. Cela sert surtout à atténuer une souffrance chez celui ou celle qui se sent amputé de son identité, habité par un sentiment d'injustice. « À la DASS (Direction de l'action sanitaire et sociale), ils savent, ils ont un dossier, et moi, le principal concerné, je ne sais rien... » Permettre à un enfant adopté, qu'il soit encore jeune ou ait atteint l'âge adulte, d'accéder à plus de vérité concernant son histoire et son passé, c'est l'aider à mieux se construire et à mieux entrer dans la vie ou y trouver sa place.

J'ai longtemps gardé, affichée sur la glace de ma salle de bains, cette phrase d'Octavio Paz : « Contre le silence et le vacarme j'invente la parole, la liberté qui s'invente elle-même et m'invente chaque jour. »

Vivre en famille au quotidien

En passant de la famille élargie, constituée par un ensemble proche où différentes générations se mêlaient, à la famille recomposée faite de la réunion des morceaux de deux couples, d'enfants issus de plusieurs mères et de plusieurs pères, après avoir traversé le couple nucléaire, fondé sur une femme et un homme avec un ou deux enfants, nous sommes au bord d'une interrogation fondamentale : qu'est-ce qu'une famille aujourd'hui ?

Papa présent, papa absent

Dans notre imaginaire, une famille est constituée d'une maman, d'un papa et d'un ou de plusieurs enfants. Elle comprend aussi, parfois, dans l'entourage proche, des tontons, des cousins, des tatas, des mamies et des papys. Les familles d'aujourd'hui sont plus réduites, parfois singulièrement réduites à trois personnes, voire à deux dans le cas des familles monoparentales !

Bien sûr, certains papas rentrent chaque soir à la maison, d'autres seulement tous les deux ou trois jours ou en fin de semaine. D'autres enfin ne rentreront plus, car ils sont partis pour toujours...

Certains enfants envient ceux qui ont des papas absents : « Ah ! si mon père ne rentrait que le vendredi, ce serait plus calme à la maison ! » D'autres voudraient bien avoir un papa rien qu'à eux tous les soirs. Attention : pas un père, un papa. Celui qui est détendu, bienveillant, chaleureux, valorisant. Celui qui est fier de son enfant. Et non pas un père frustré dans son travail, débordé par tout ce qu'il a « encore à faire », se sentant coupable de cette situation, et qui, pour cette raison, dès son arrivée à la maison, se transforme en un tyran domestique pour lequel tout est critiquable, insuffisant ou invivable.

Il y a aussi les enfants qui ont vu un jour leur papa partir pour ne plus revenir, et ont entendu leur maman dire : « Tu vois, ton père ne nous aimait pas assez ! Il est parti avec une autre femme » en confondant relation parentale et relation conjugale. Cette mère gagnerait à préciser : « Mon mari m'a quittée, il a le droit de vivre avec quelqu'un d'autre, s'il ne peut pas maintenir son engagement avec moi, c'est à moi d'apprendre à vivre autrement ! Quant à toi, il demeure ton père. »

Aujourd'hui, beaucoup de pères sont absents d'une autre manière : non pas tant physiquement que relationnellement. Non parce qu'ils ne sont pas là comme ceux que je viens de décrire, mais parce qu'ils s'apparentent à des « papas-copains », des « papas-*cool* », des « papas-Macdo », voire simplement des papas laxistes qui laissent tout faire sans jamais intervenir.

Quand je dis « père absent », vous entendez bien que je ne parle pas de la personne, mais de la fonction. Un père présent est celui qui occupe sa place, qui existe comme référence dans la vie quotidienne en famille. Un adulte proche, relié affectivement à sa femme et à ses enfants, capable de témoigner de valeurs sur ce qui se fait et ce qui ne se fait pas, susceptible d'énoncer des limites, de poser des interdits, d'imposer des règles de savoir-vivre en commun.

Un père présent, même quand il est physiquement absent, est plus qu'un repère : il est un ancrage solide pour traverser le temps de l'enfance en toute sécurité et pour inscrire les bases d'un devenir qui soit un avenir fiable… pour l'enfant.

Je crois avoir un jour donné ce conseil à mes filles : « Un homme qui sait vous faire rire, intéressez-vous à lui, mais si en plus, il sait jouer, alors faites-lui un collier de vos bras et ne le perdez plus. »

« Quand papa arrive, il crie ; maman, elle, console »

Le plus souvent, le mari ou le papa arrive du travail fatigué, épuisé : « Je suis mort, je suis à plat, je suis crevé ! » Ce sont ses mots favoris ! Cela veut dire qu'il exige la paix (qu'on ne lui demande rien), qu'il réclame le calme (qu'on ne l'entraîne pas dans un conflit avec les enfants ou les voisins), qu'on le laisse tranquille (qu'on ne lui pose pas de questions). Car il a travaillé, Lui, la journée entière, sans pouvoir se détendre ou prendre un moment pour se demander ce qu'il désirait, se faire plaisir. Aussi, qu'on se le dise, son seuil de tolérance en fin de journée est très bas, *a minima* si ce n'est saturé.

Alors un rien, une contrariété, un incident banal de la vie quotidienne l'irrite et il crie. Il crie pour réclamer le silence ! Il s'agite pour avoir la paix et déclenche ainsi beaucoup d'insécurité tout autour de lui !

Dans une famille, les occasions sont très nombreuses qui provoquent les cris et les hurlements d'un père fatigué. Alors, maman, qui en a pourtant supporté beaucoup, elle aussi, dans sa journée, tente d'apaiser, de consoler, d'arranger. La plupart du temps elle y parvient et tout rentre dans l'ordre. Car maman est censée comprendre les tensions profondes des uns et des autres. Elle se doit de ne pas s'affoler, de garder sourire, chaleur, ouverture… et humour discret ! Elle doit prendre sur elle, faire preuve de tolérance face à l'intolérance de tous les autres membres de la famille ! On peut tout lui mettre sur le dos, elle accepte (trop souvent)... tout. Chez ses enfants : le besoin de bouger, de gesticuler, de jouer en faisant du bruit. Chez son mari : le besoin de calme, de silence, d'ambiance feutrée, de disponibilité !

Maman, elle, doit être présente sur tous les fronts, colmater chaque incident, régler des situations qui pourraient s'envenimer, voire provoquer des conflits et des crises plus aigus. Maman est là pour ça, c'est acquis ! On compte sur elle ! Tout le monde compte sur elle ! Quant à ses besoins à elle, ils sont tellement nombreux et si immenses (!) qu'elle n'envisage même pas d'en parler... Maman rêve parfois qu'elle en a, quand elle dispose d'un moment de liberté ! Mais avant, elle se doit de comprendre tous les besoins de ceux qui l'entourent ! Alors, certaines mamans, de plus en plus nombreuses, n'acceptent plus d'avoir des journées de dix-huit heures, de faire d'innombrables sacrifices, à temps plein, tant dans leur vie personnelle que dans leurs vies familiale et professionnelle – cela sans jamais pouvoir réaliser ce qu'elles, elles aimeraient. Qu'on se le dise dans les chaumières, les HLM et les pavillons de banlieue : Maman en a assez ! Elle aussi, elle voudrait vivre pour elle, un peu, beaucoup, passionnément, à la folie...

Un regard bienveillant apaise
doucement la souffrance,
comme un peu de fraîcheur efface
la buée d'une vitre.

« Papa, maman, regardez tout ce que je sais faire ! »

À certaines étapes de leur développement, les enfants sollicitent particulièrement notre attention. Ils nous demandent de prendre le temps de regarder leurs prouesses, de nous extasier devant leurs exploits, d'encourager leurs efforts, de confirmer leurs réussites : « Papa, papa, regarde, je nage sous l'eau ! » ; « Papa, maman, je fais du vélo sans tenir le guidon ! » ; « Maman, maman, regarde, regarde je fais deux pirouettes en arrière ! » ; « Maman, regarde, j'ai attrapé une sauterelle ! ».

Montrer leur adresse, leur vitalité, leur réussite dans les épreuves qu'ils s'imposent pour développer leurs ressources, voir confirmer leurs capacités, est un des besoins les plus vitaux et un des plaisirs préférés des enfants. C'est à nous d'étirer le temps à leur intention pour leur offrir notre regard, nos encouragements, notre approbation, sans nous laisser envahir ou entraîner par la peur qu'ils déclenchent parfois, avec beaucoup d'habileté et de succès... en nous !

À huit ans, quand j'ai dit à ma mère avec fierté que j'avais traversé la Garonne à la nage, ses premiers mots ont été : « Je t'interdis à jamais d'aller te baigner tout seul. En plus, je suis sûre que tu étais avec ton copain Marcel, que c'est lui qui t'a entraîné à faire cette bêtise. » Et comme chaque fois, quand il s'agissait de son fils, aucune contradiction ni exagération ne l'arrêtait, elle a ajouté : « Si tu avais été emporté par le courant, on t'aurait retrouvé à Bordeaux ! Il aurait fallu prendre le train pour aller te récupérer ! » Oui, de Toulouse à Bordeaux, c'est vraiment un long voyage !

Ce besoin de regard, de confirmation, d'encouragement, autant chez la fille que chez le garçon, est souvent adressé au père. Le regard du père est un soutien, un ancrage fabuleux, un point d'appui formidable, qui accompagne l'enfant lorsqu'il va à la rencontre du monde extérieur à la famille. Il est à la base de la confiance qu'un enfant peut développer dans ses facultés motrices, son corps, autant que dans sa prise de contact sereine avec l'inconnu. Le regard du père nourrit les ressources encore tâtonnantes de l'enfant et, ce faisant, conforte ce dernier, lui donne de l'assurance, inscrit en lui des certitudes qu'il pourra remettre en cause ou rejeter plus tard mais qui pour l'instant lui sont nécessaires.

Ne soyons donc économe ni de nos regards, ni de notre enthousiasme devant les « exploits » de nos enfants ! Prendre le temps de nous arrêter, de leur parler, de nous étonner avec bonheur est un vrai cadeau pour eux, une vitamine pour leur croissance et leur épanouissement.

**L'assassinat de l'imaginaire commence très tôt.
Devant le dessin d'un enfant de première année,
la maîtresse d'école avait dit : « Qu'est-ce que
c'est que cette idiotie, un têtard
ne vole pas dans le ciel ! »**

« Mon mari et mon fils ne sont jamais sur la même longueur d'onde ! »

Si une telle affirmation reflète l'esprit d'un échange difficile, je ne doute pas un seul instant de l'intérêt du père pour le fils, et réciproquement, même si cet intérêt se traduit par des conflits entre eux.

Peut-être serait-il souhaitable de rappeler à cette dame (qui m'écrit), qu'il ne s'agit pas de son mari, mais du père de son fils. C'est donc une relation qui ne lui appartient pas ! Cette relation entre le père et le fils peut être nourrie par du désaccord, une surenchère d'oppositions (qui peuvent agir comme autant de stimulations pour l'un et l'autre), elle peut se traduire par des prises de position passionnelles, excessives, parfois même blessantes. Tant qu'elles ne débouchent pas sur du silence ou sur la violence du ressentiment, il n'y a pas à s'inquiéter. Si le père accepte d'entendre ce qui est touché en lui, ce qui est mis en échec par le comportement ou le discours de son fils, il grandira... Si le fils peut entendre (en miroir) ce qui lui paraît si fermé, si obtus, si intolérable chez son père, alors il accédera à une meilleure connaissance de lui-même.

Il m'a été donné, dernièrement, de rencontrer à la même table un père et son fils. Situation dans laquelle le fils tentait de me dire ses tâtonnements, ses doutes, ses errances concernant ses études inachevées, aléatoires, confronté à une réalité dans laquelle il s'engouffrait par ailleurs à reculons... Il me parlait des excès de sa vie en miettes alors qu'il ne l'avait même pas commencée, de soirées passées dans des boîtes, suivies de relations sexuelles circonstancielles, de sa découverte du cannabis et de l'euphorie facile qu'il procure.

Le père, dont la voix résonnait dans tout le restaurant, nous coupait la parole sans arrêt en s'écriant pathétiquement : « Mais moi je ne lui impose rien, je veux simplement qu'il soit heureux ! Je veux qu'il devienne un homme. Je veux qu'il trouve sa voie, qu'il ait une passion. Regardez son frère, il a eu le bac à seize ans, il a fait HEC, Sciences politiques, et va bientôt passer une agrégation d'économie. Il a déjà été sollicité par plusieurs boîtes. Il s'en sort très bien. »

Je voyais sous mes yeux la parole creuse de ce père s'égarer aux quatre coins de la pièce. Je voyais cet homme enfermé dans le paraître, séparé par des années-lumière de son enfant qui se trouvait face à lui, dénué de désir, sans rêves d'avenir, et cependant un besoin d'affamé d'être écouté, entendu.

Je voyais un adolescent perdu, flottant à la surface de l'existence, sans voile ni gouvernail. Je tentais de limiter le discours du père, d'ouvrir dans sa logorrhée des espaces de silence, une écoute... Tout cela en vain.

Je suis sorti un peu déprimé de cette non-rencontre entre un fils, là tout proche, qui tentait de parler de lui, et son père qui n'écoutait pas et le comparait sans arrêt à un autre de ses enfants qui, lui, n'était pas présent.

« Le langage se situe entre cri et silence. »

ANDRÉ GREEN

Aux enfants qui croient ne pas avoir été désirés

La plupart des enfants qui croient ne pas avoir été désirés expriment fréquemment une plainte ou portent une accusation qui révèle leur souffrance : « Je n'ai pas été désiré, ma mère ne m'aimait pas, j'ai été comme un boulet pour mon père », ou « De toute façon je n'étais pas attendu, mes parents ne voulaient plus d'enfant, mon arrivée a été une catastrophe pour eux ! ». Combien de fois n'avons-nous pas entendu, chez les uns ou les autres, ce genre de lamentation témoignant d'une blessure mal cicatrisée et exprimant une souffrance toujours actuelle ?

Je vais cependant prendre le risque d'en étonner plus d'un : si un enfant a été conçu, c'est qu'il a été désiré. Pas nécessairement consciemment, parfois de façon plus subtile, plus cachée, plus inconsciente. Nous le savons bien. Malgré les contraceptifs et autres précautions prévues à cet usage : stérilet, crème, diaphragme ou préservatif, certains enfants sont quand même conçus. Nous avons tous entendu parler de ces spermatozoïdes capables de faire un double saut périlleux au-dessus d'un stérilet ou suffisamment habiles pour déjouer l'obstacle d'un diaphragme ou d'une pilule. Ainsi, tout se passe comme si tel spermatozoïde issu d'un désir inconscient était suffisamment puissant pour perforer un condom (pourtant étalonné afin de résister à cent vingt kilos de pression en laboratoire !).

Je crois que circulent entre deux êtres, au-delà des désirs reconnus et énoncés, des désirs inconscients qui sont souvent plus dynamiques que les désirs exprimés. Quand une femme dit « Je ne t'ai pas désiré », elle devrait plutôt dire « La femme que j'étais à l'époque ne se sentait pas capable d'être mère ». Le père pourrait dire quant à lui : « L'homme que j'étais à vingt-cinq ans ne se sentait pas prêt à devenir papa. » L'enfant issu de cette relation n'aurait ainsi plus besoin de se rendre malheureux en imaginant ou en se disant qu'il n'a pas été désiré ou qu'il a été rejeté. En fait, c'étaient ses géniteurs qui ne se sentaient pas capables de devenir des parents ! Pouvoir expliciter la situation de cette manière peut situer le jeune dans une tout autre dynamique pour aborder la vie.

J'invite les parents qui prétendent ne pas avoir désiré un enfant à revenir non pas au moment de la naissance, mais à cette période où, neuf mois avant, ils se rencontraient, hésitaient, s'aimaient ou se déchiraient. Un échange à l'occasion duquel chacun pourrait dire ce qu'il vivait, ce qu'il éprouvait à ce moment-là, ce qui se combattait ou ce qui se cherchait en lui, de façon à permettre à l'enfant (parfois devenu adulte) de ne plus se persécuter et de ne plus souffrir inutilement en croyant qu'il n'a pas été aimé ou qu'*il a été peu aimé… parce qu'*il n'a pas été désiré.

« Maman, je t'ai choisie il y a longtemps, depuis les étoiles. »
MAEVA, huit ans

Julien ne veut pas de petite sœur

Julien a deux ans et demi. Ses parents lui ont dit tout récemment qu'une petite sœur poussait dans le ventre de sa maman. « Tu es content, Julien ? »

« Non ! » Et il part au fond du jardin, arrache avec férocité les bonnes et mauvaises herbes qu'il jette loin de lui. Il marmonne. Il reprend une parole de son père : « Les mauvaises herbes ça pousse toujours trop vite. » Il est dans l'inquiétude, Julien. Ce soir, il a dit que la petite sœur, qui doit arriver dans quelques mois, il la mettra là ! Là, c'est dans le placard tout noir, tout au fond du couloir.

Ses parents auraient pu lui dire qu'ils attendaient, eux, un enfant, qu'ils en avaient rêvé, parlé et que leur amour avait fait le reste. Non, ils ont seulement affirmé que Julien attendait une sœur, que ce sera « sa » sœur… Ce qui n'est pas vrai du tout, il n'attend rien, et surtout pas une sœur dont il n'a que faire !

Julien vient de se découvrir une passion, la cassette vidéo des *101 dalmatiens*. Le voilà scotché devant la télé, plus rien n'existe que *Les 101 dalmatiens* qui se débattent contre la méchante Cruella ! Ce dimanche après-midi, il est entré d'un pas décidé dans la chambre de ses parents qui envisageaient de faire la sieste. Enfin, celle que l'on fait dans le Midi en demandant aux enfants de ne déranger sous aucun prétexte ! Gravement, il a pris son père par la main, l'a entraîné dans le salon devant la télévision : « Viens, papa, mets-toi là », lui a-t-il dit en tendant la cassette vidéo. Et une fois encore, ils ont regardé ensemble les tentatives de Cruella, la sorcière, pour supprimer les jeunes chiots. Quand le film a été terminé, Julien a dit avec un grand soupir : « C'est ça que je veux, moi, pas une petite sœur ! »

Le papa et la maman de Julien discutent beaucoup, le soir venu, dans leur lit. Comment faire accepter sa petite sœur à leur fils ? « On pourrait peut-être lui demander de venir avec nous pour acheter le berceau ? » ; « On pourrait lui expliquer comment on sait que c'est une sœur qu'il aura ? » ; « On pourrait lui acheter un nounours pour diminuer sa frustration ? »

C'est le papa de Julien qui a finalement inventé un jeu, auquel il joue maintenant avec son fils tous les dimanches matin. Ils ont confectionné deux poupées de chiffon, qu'ils ont glissées sous leurs tee-shirts et coincées dans la ceinture de leur pyjama. Avec chacun un gros ventre, ils se promènent gravement dans l'appartement. Julien a dit à sa mère : « Nous aussi, papa et moi, on attend un enfant. Y a pas que toi ! »

« Les enfants sont des énigmes lumineuses. »
DANIEL PENNAC

« Je compare mes enfants entre eux »

Un enfant n'est jamais conçu par hasard. Il s'inscrit dans une rencontre, il est un message particulier, enchevêtré dans un tissu relationnel aux ramifications immenses...

Chaque enfant arrive à un moment différent dans l'histoire d'un couple. Programmé ou non, il est porteur de désirs, d'attentes, de rêves de vie et d'enjeux familiaux particuliers. Et quand il est là, les parents doivent commencer par assumer la différence qui existe entre l'enfant imaginaire et l'enfant réel : « J'attendais un garçon. C'est une fille » ; « Je voulais un enfant dynamique, sportif et je trouve le mien apathique, toujours vautré dans ses livres ou ses disques » ; « J'imaginais une fille dont je serais fier et voilà qu'elle a pris quinze kilos qui déforment son corps. J'ai honte de sortir avec elle chez des amis ».

Une foultitude de comparaisons conscientes ou inconscientes existe ainsi entre l'enfant idéalisé et l'enfant réel. Entre l'enfant susceptible de nous combler, qui serait notre reflet narcissique, et l'être qui est là, qui nous paraît parfois si étranger, qui nous ressemble si peu ou trop, qui nous déçoit !

S'ajoutent à cela les comparaisons disqualifiantes entre frères et sœurs : « Regarde ta sœur, on n'a pas besoin de lui demander dix fois de prendre sa douche, elle ! » ; « Ton frère n'attend pas systématiquement le dimanche soir pour faire ses devoirs et préparer son cartable, lui ! ».

Chaque fois qu'un enfant est comparé à un autre, il se sent non seulement dévalorisé mais nié dans son unicité, dans sa singularité, dans sa valeur propre !

La comparaison est l'équivalent d'un cancer relationnel, elle fait des dégâts profonds et laisse des traces durables. Puis-je rappeler qu'être reconnu pour ce qu'il est et non pour ce qu'il devrait être est un besoin fondamental de l'être humain ? Si un enfant déçoit nos attentes, c'est à nous de gérer notre déception et peut-être d'écouter dans notre propre histoire ce que nous tentons et voulons réparer à tout prix à travers lui !

Une des fonctions cachées de la maladie serait de produire des maux écrans propres à rendre encore plus muettes les blessures insupportables de l'enfance.

« Mais je vous aime pareil ! »

Souvent, nous croyons désamorcer la rivalité qui existe entre deux de nos enfants en tentant de les rassurer par la phrase : « Mais je vous aime pareil ! » C'est que nous n'avons pas conscience de l'effet dévastateur d'une telle phrase sur eux. Car justement, ils ne veulent pas être aimés pareil, ils veulent être aimés dans l'unicité, la singularité de ce qu'ils sont !

Il serait préférable d'oser leur dire : « Je ne vous aime pas pareil. Je t'aime toi, et voici l'amour que j'ai pour toi (montrer à ce moment-là un objet significatif pouvant symboliser cet amour), cet amour je ne le donne qu'à toi, je ne peux le donner à quelqu'un d'autre. » Puis dire à l'autre : « Je t'aime toi aussi et voici l'amour que j'ai pour toi, seulement pour toi, (montrer un autre objet symbolisant cet amour différent). »

Il est important que nous soyons capable de signifier à nos enfants que l'amour n'est pas interchangeable, aménageable, ou aléatoire, fonction des circonstances. Leur montrer que nous ne confondons pas leur personne et leur comportement paraît essentiel : « Si, je t'aime, je t'aime tel que tu es, même si parfois je peux être dérangé ou irrité par ton comportement. »

L'amour que nous éprouvons pour nos enfants, contrairement à l'amour amoureux, qui peut être plus changeant, cet amour-là est acquis pour toujours. Il ne change pas, ne varie pas en fonction des bons résultats scolaires, de la gentillesse ou du comportement de nos enfants, comme eux-mêmes seraient tentés de le croire. Oser différencier les sentiments de la relation peut les aider à mieux se situer dans la vie : « Je t'aime, mais le bruit que tu fais m'empêche de me concentrer » ; « Je t'aime, mais je m'oppose à la sortie que tu envisages ce soir, je ne la sens pas bonne pour toi » ; « Quand je te demande de prendre une douche tous les soirs, c'est parce que j'ai une certaine conception de la propreté, ce n'est pas que je t'aime moins ! ».

Notre cohérence intérieure et nos prises de position qui en découlent naturellement passent par une meilleure différenciation entre sentiments et relation. D'un côté, les sentiments qui nous habitent sont un don gratuit que nous offrons à nos enfants, de l'autre, la relation que nous tissons, avec ses moments de grâce et ses moments difficiles, ses gratifications et ses frustrations, est plus ou moins stimulante, plus ou moins agréable à vivre pour chacun des protagonistes suivant les moments forts d'une journée !

Il est des bras qui n'enferment pas mais qui agrandissent l'être qu'ils serrent.

« Que dire à un enfant qui découvre que sa mère ou son père préfère sa sœur ou son frère ? »

La question ainsi formulée ne peut l'être que par un adulte. Peut-être s'agit-il d'un parent, d'un neveu ou d'une nièce, d'un ami qui se sent concerné ?

Je vais m'appuyer sur l'hypothèse suivante : celui qui pose la question a observé que les parents d'un enfant privilégiaient un autre de leurs enfants. Contrairement à ce que l'on peut penser, cela ne veut pas dire que cet enfant est moins aimé. Il arrive qu'un enfant très aimé soit, de la part de ses parents, soumis à plus d'exigences et traité avec plus de dureté que ses frères ou sœurs. Ce qui pourra lui donner le sentiment d'être moins choyé.

Se pose aussi le problème de la santé. Si les parents estiment que le frère ou la sœur est plus fragile, ils auront tendance à le protéger, à lui accorder plus de soins et d'attention.

L'enjeu est parfois plus caché. Supposez que la mère ait vu sa propre mère perdre son deuxième enfant. Devenue mère à son tour, elle peut craindre de perdre, elle aussi, son second enfant et, pour combattre sa peur, entourer celui-ci de plus d'affection que le premier, qui se sentira de ce fait laissé pour compte.

Chaque famille a de multiples raisons, visibles ou cachées, faisant qu'un enfant peut sembler être préféré à un autre !

Revenons à l'enfant qui se vit, lui, comme n'étant pas le préféré : il doute de lui et de l'amour que ses parents lui portent. Peut-être faudrait-il simplement :

• dans un premier temps, l'écouter, lui permettre de se dire et l'aider à accepter ce qu'il ressent ;

• dans un deuxième temps, lui montrer que nous comprenons son malaise, sans chercher à justifier les diverses raisons que ses parents peuvent avoir, eux, d'accorder plus d'attention à un autre de leurs enfants ;

• enfin, lui demander comment lui comprend la situation. Invité à se dire et se sentant entendu, il trouvera peut-être un sens à la place particulière qu'il occupe dans sa famille.

Le plus difficile consistera quand même à reconnaître que ce que ressentent certains enfants est le symptôme apparent d'un malentendu, d'un non-dit ou d'une blessure cachée qui concerne le couple lui-même. Il faut toutefois se rappeler que les enfants n'ont pas pour autant à être les thérapeutes de leurs parents...

Dire la vérité, mais laquelle ?
La vérité importe pour le sens qu'elle recèle.

Moments d'enfance

Nous venons tous du pays de nos enfances. Car nous avons plusieurs enfances, celle des vacances et des jours de classe, celle des rires et des pleurs, celle de nos rêves et de nos déceptions, celle de l'innocence et de la violence, celle de nos secrets et celles aussi de toutes nos attentes.

Le chemin de l'école

À l'époque de mon enfance, il y avait deux jours fastueux : le dimanche et le jeudi. Le jeudi, surtout, était semblable à une bouffée d'oxygène salvatrice et généreuse pour tous les enfants du quartier. Le dimanche nous faisait prisonniers des contraintes familiales : messe, repas, promenade au jardin des Plantes, soirée calme...

Mais ce qui m'a sauvé la vie durant toute mon enfance, c'est le chemin de l'école, surtout celui du retour ! Je pouvais, en revenant à la maison, arriver à n'importe quelle heure ! J'avais un alibi indestructible : j'avais été retenu par le maître. Aussi curieux que cela puisse paraître, cette affirmation, que ma mère ne vérifia jamais, avait le pouvoir de la rassurer : si le maître me retenait, c'est qu'il m'avait fait travailler encore un peu plus (et c'était tant mieux !), qu'il m'avait donné encore plus de devoirs et de leçons (quel bon enseignant !). Ma mère témoignait d'une confiance inconditionnelle envers les enseignants, elle qui avait dû quitter l'école, contre son gré, à l'âge de neuf ans...

Le matin, le chemin de l'école faisait exactement mille six cent cinquante-deux mètres par la voie la plus courte, c'est-à-dire en filant tout droit, en contournant l'école des filles, en bifurquant sans s'y arrêter à la fontaine dite de la place des Oliviers, en coupant au plus court par le marché aux lapins pour enfin déboucher au grand galop sur l'entrée principale de l'école primaire de garçons, l'école Lespinasse.

Ce chemin ultrarapide était celui du matin, mais celui du soir durait beaucoup plus. Il était bien plus long et, surtout, il était animé de tant de dangers et d'imprévus passionnants ! Il mesurait entre trois et cent vingt mille kilomètres. Oui, oui, certains soirs, il faisait trois fois le tour de la terre, le chemin que j'empruntais pour gagner la Sibérie de Michel Strogoff et me retrouver ensuite bloqué sur l'île de Robinson Crusoé, puis descendre dans les gouffres insondables de la mer de Corail grâce au Nautilus et suivre les traces de Milady du côté de l'Angleterre… Ce chemin n'hésitait pas à me conduire sur les pas de Spartacus jusqu'au saccage de Rome, il pouvait aussi me perdre dans le Grand Nord où j'étais sauvé *in extremis* par Croc-Blanc. Ce chemin s'attardait enfin sous un wigwam où je fumais le calumet de la paix avec le Grand Sachem, Sitting Bull lui-même, qui comprenait directement mes pensées et, pour le manifester, hochait la tête en rejetant un jet de fumée au-dessus de mes cheveux…

À neuf ans, qu'aurais-je pu répondre à ma mère qui me demandait si j'avais « été sage à l'école » ? Bien sûr que j'avais été sage, trop sage, incommensurablement sage, à côté des aventures intrépides que je vivais sur les chemins de l'école !

Celui qui s'émerveille a des étoiles dans les yeux. De vraies étoiles, qui ne sont pas le reflet de celles du ciel, mais la manifestation de celles qu'il porte dans son cœur.

L'heure du goûter

Avec le temps de transport et le temps passé en classe, sans compter celui des devoirs et leçons, la vie scolaire des enfants oscille entre sept et neuf heures par jour. Dans ce cadre, le retour à la maison est un moment-clé qui conditionne souvent tout le déroulement de la soirée et même l'amorce du lendemain. C'est un moment durant lequel les enfants ont besoin d'être accueillis, confirmés dans ce qu'ils sont, réconfortés parfois, ainsi que de recevoir du bon et du doux.

Autrefois, le goûter permettait de retrouver et de gratifier l'enfant, de lui offrir un moment de plaisir, c'était un moment privilégié très apprécié et savouré avec bonheur. Ma mère, quand j'arrivais de l'école, arrêtait toute activité ménagère, s'essuyait les mains, enlevait son tablier et me préparait un grand morceau de pain avec une barrette de chocolat qu'elle enfonçait dedans. Un grand verre d'eau permettait de faire passer le tout. C'était une maman qui m'accueillait, qui me comblait et me donnait le sentiment que j'étais important.

Aujourd'hui, le goûter est escamoté par un surplus de friandises dont on gave les enfants et qu'ils dévorent à toute heure. Ce faisant, on a presque oublié le moment privilégié du retour de l'école. Dès son arrivée, l'enfant se précipite devant la télé, sans même prendre le temps de saluer, et l'adulte, quand il est là, ne dit souvent rien.

D'autres parents s'emportent dès l'arrivée de l'enfant : « Ah ! Il était temps que tu rentres, tu as encore laissé ta chambre en désordre et ton lit n'est pas fait. » Si nous commençons par un reproche, l'enfant va se fermer, s'opposer ou fuir et tenter de mettre en échec ce que nous attendons de lui. Des demandes, des exigences, du travail à faire, il vient d'en vivre durant six ou sept heures, parfois plus.

Au retour de l'école, il conviendrait plutôt de lâcher du lest ! Ce n'est qu'un peu plus tard, vers la fin de l'après-midi, que pourront à nouveau s'exprimer exigences et contraintes telles que devoirs à finir, douche à prendre, préparation du cartable pour le lendemain, petits services à rendre !

Quant à moi, je rêve encore de mes goûters d'enfant, où durant quelques minutes, le temps s'arrêtait, les problèmes disparaissaient, où j'avais une maman pour moi tout seul, qui me regardait manger mon bout de pain et de chocolat, en s'essuyant parfois la lèvre, quand sur la mienne il y avait une miette de pain…

« Au-delà d'un "Je t'aime" c'est la caresse d'un regard, le cadeau d'un geste, l'accueil d'un sourire qui me reliera à l'aimé le plus sûrement, le plus durablement. »

MA GRAND-MÈRE

La tablette de chocolat

Les anniversaires, les rencontres et les fêtes familiales peuvent être de bons moments pour reparler du passé, ressusciter des moments heureux ou moins heureux, les dépoussiérer et même les embellir au travers de mille détails, réinventés, toujours renouvelés. Ils sont souvent l'occasion d'un échange qui étonne les uns, égaye les autres et parfois choque les plus réservés.

Mélanie raconte : « J'étais la plus petite de trois sœurs. Les deux grandes m'envoyaient plus souvent qu'à mon tour faire des bêtises, c'est-à-dire oser pour elles ce qu'elles n'osaient entreprendre... Je rechignais, mais elles m'obligeaient, en me culpabilisant, disant que de toute façon je ne risquais rien, que j'étais la préférée, l'innocente. Cette fois-là, il fallait que j'aille prendre du chocolat dans le placard aux sucreries, en cachette de maman bien sûr ! La porte faisait du bruit, elle crissait, j'avais peur. Je devais me tenir sur la pointe des pieds pour attraper la tablette la plus proche. Pendant ce temps, ma mère papotait avec des amies dans le salon. Soudain elle m'appela : "Mélanie, viens par ici !" J'avais la tablette à la main. Je me sentis découverte. Aussi me suis-je avancée lentement en faisant glisser la tablette derrière mon dos, dans les plis de ma jupe, et je me suis plaquée contre le mur pour la coincer. Les amies de ma mère étaient des couturières, venues pour nous essayer des robes. Je refusai : "Non, non pas de robe, je n'en veux pas !" On m'a pourtant obligée à m'approcher, à me déshabiller et, forcément, la tablette de chocolat est tombée à mes pieds. Je fus grondée fort. Je crois que ma mère était honteuse devant ses amies. Moi aussi j'avais honte, tellement honte... Et mes sœurs n'ont rien dit ! C'était il y a plus de trente ans. »

Sœurs et nièces ont croqué ensemble à belles dents ce souvenir à la fois douloureux et heureux. Une des nièces, le lendemain, a raconté toute l'histoire à son grand-père, le père de Mélanie. Celui-ci, tout ému, l'a aussitôt appelée au téléphone. Il ne savait rien de cet incident, sa femme, à l'époque, ne lui avait rien dit. Et ce jour-là, à soixante-quinze ans, il s'est mis à pleurer d'émotion et de tendresse : « Ma toute petite, comme tu as dû avoir du chagrin d'être punie à la place de tes sœurs... Et tu ne les as pas dénoncées, tu n'as rien dit en plus. » Après tant d'années, Mélanie entend enfin les mots d'apaisement et de réconciliation que cette aventure méritait, les mots de tendresse de son père. Quelques jours plus tard elle reçut un petit paquet, accompagné d'une carte : « Ma petite voleuse de chocolat chérie, voilà une tablette de chocolat pour toi, rien que pour toi, et du pain aux raisins, pour le plaisir. Je t'embrasse. Ton papa. » Ce qu'il y a de formidable dans les relations humaines, c'est que l'on peut toujours revenir dessus, mettre des mots sur des non-dits, sur des malentendus, sur ces blessures de l'âme enfantine pour se réconcilier avec sa propre enfance.

La vie est toujours en devenir,
mais il ne faut jamais oublier
de la vivre au présent.

« Papa, maman, c'est formidable, j'ai vu un exhibitionniste à l'arrêt du bus ! »

Le chemin de l'école, pour les enfants d'aujourd'hui, est en prise directe avec les violences et les avatars ludiques de la vie. La question du regard, et surtout de son impact sur l'imaginaire et la fragilité de l'enfance, m'a beaucoup interrogé comme parent. Ma fille avait huit ans quand elle revint de son école avec un enthousiasme joyeux, avide de nous faire partager ses découvertes de la vie : « Avec Julie, ma copine, on l'a bien repéré, il paraît que c'est un exhibitionniste ! Ce n'est pas la première fois qu'on le voit ! Il est super ! » S'élève alors le chœur des parents, sur un ton dubitatif : « Ah bon ?

— Oui, oui, il est spécial celui-là ! Il est toujours avec un imper, et tu sais ce qu'il a inventé ? Génial... ! Il a coupé les jambes de son pantalon, il a mis un élastique, ce qui fait qu'on voit tout son bazar quand il ouvre son imper... Oh ! il sait y faire, il est rapide, mais on l'a bien repéré. Vous n'avez pas à vous inquiéter pour moi, il ne fait ça que quand il y a une femme dans le coin ! Ma copine et moi on n'a jamais réussi à tout voir... ! »

Sa mère et moi-même étions partagés entre le rire et l'inquiétude, n'osant ni stopper ce bel enthousiasme, ni risquer encore un commentaire prudent... « Ce qui est super, c'est que le pantalon garde le pli quand il referme le tout. On dirait un type normal ! » Oui, « on dirait un type normal », disait ma fille.

Il nous fut difficile à nous, les parents, de tenter d'expliquer que le véritable problème ne se situait pas dans la capacité de cet homme à garder un pli impeccable à son pantalon pendant qu'il exhibait ses organes sexuels. Ce qui était en jeu, c'était le comportement malsain d'un adulte, qui imposait le spectacle intime de son sexe aux femmes qu'il croisait et peut-être aussi aux petites filles... « Non, non, pas avec nous, on ne l'intéresse pas. C'est nous qui nous intéressons à lui, il est drôle ! » répétait ma fille.

Nous eûmes, grâce à cet exhibitionniste astucieux, de nombreuses discussions sur les abus réels et potentiels auxquels nous confronte la vie en société, ainsi que pas mal d'échanges sur les multiples visages de la perversité au quotidien. Ce qui m'a paru important c'est la possibilité d'une distanciation entre l'événement et l'enfant, car le traumatisme s'inscrit d'autant que cette distanciation est abolie et surtout quand il n'y a pas la possibilité d'un échange, d'un partage, d'une mise en mots qui permette d'apprivoiser le réel et de lui donner du sens.

Celui qui se prive de plaisir accumule
des désirs fantômes et malsains
dans les moindres recoins de sa vie.

Un enfant vient au monde

Mon garagiste vient d'avoir un enfant. Je ne le savais pas mais je l'ai appris, comme le reste des habitants de mon village, en voyant suspendues, tout autour du garage, des dizaines de couches-culottes. J'ai entendu, dans cette manifestation, la joie de cet homme devant le cadeau extraordinaire qu'il venait de recevoir de la vie, et j'ai eu envie de lui offrir le petit texte qui suit.

Un enfant qui vient au monde, c'est un peu plus d'amour, un peu plus d'énergie, et surtout un peu plus de *vivance* qui prend sa place dans le grand cercle de la vie.

Un enfant qui vient au monde, c'est un univers de sourires, de gestes tendres à inventer, d'étonnements à accueillir, d'interrogations à développer.

Un enfant qui vient au monde, c'est un peu plus d'éternité pour l'avenir, avec les possibles qu'offre toute ouverture aux beautés de la vie et à l'infinité de la création. C'est un appel à la tolérance pour un monde meilleur.

Un enfant qui vient au monde c'est, au-delà de l'étonnement des adultes à se survivre, la découverte d'un partage avec l'envie de donner le meilleur de soi, et la nécessité de prendre position pour répondre à ses besoins et pas nécessairement à tous ses... désirs !

Un enfant qui vient au monde, c'est accepter d'être humble devant le mystère de la vie, et ouvert à l'accomplissement du rêve, longtemps porté dans leur cœur par ceux qui se sont aimés.

Un enfant qui vient au monde c'est, dans certaines parties de notre planète, au-delà des peurs, des violences ou des injustices, un peu plus d'espoir pour faire davantage de place à la dimension divine de la vie.

Que le jour de son arrivée dans notre monde soit pour cet enfant une belle fête d'amour, et pour ses parents un engagement à l'accompagner quelques années encore. Ils lui permettront ainsi de tenir sa place dans l'univers qui sera le sien, et lui donneront les moyens de s'épanouir et de transmettre à son tour... la vie.

« Le vrai bonheur ne cite pas ses sources...
pour ne pas rendre le Bon Dieu jaloux. »

DANIEL PENNAC

« C'est bon ! »

Jéremy a deux ans et demi. Que ce soit chez lui ou chez la gardienne (car sa maman travaille), il ne mange pas. Chaque repas est un conflit, il se nourrit de peu, refuse tout gavage. Pourtant, avec sa grand-mère, tout se passe bien. En sa compagnie, il mange. Il dit même, la bouche pleine : « Hum ! ça c'est booon » (avec trois o !). « Ça », c'est du poisson avec de la mayonnaise préparée à la maison. Il mange même des légumes. Il dit aussi en se serrant tendrement contre sa mamie : « On est bien ensemble ! » Sa grand-mère lui demande : « Tu en manges du poisson comme celui-là chez tatie Simone (c'est ainsi qu'il appelle la gardienne) ?

— Non, je suis vilain !

— Et pourquoi es-tu vilain ?

— Parce que c'est pas bon et qu'elle dit que c'est bon. Alors moi, je suis vilain. »

Il est vilain, Jéremy, pour tenter de faire comprendre à sa gardienne qu'il ne se sent pas compris ! Jéremy sait parfaitement se définir. Il a une façon bien à lui, sans séduction ni caprice, de demander ce qui lui semble évident, nécessaire et juste. Car il a un sens aigu de la justice. Comme il découvre la vie, il demande des explications et veut des réponses claires, pas trop compliquées, « komplikées » dit-il en appuyant laborieusement sur les « k ».

Durant cette période de sa vie, il parle de lui à la troisième personne : « Jéremy, il aime la purée avec du beurre, mais pas trop » ; « Jéremy, il n'aime pas être tout seul dans le noir, il aime quand maman laisse la porte de la chambre ouverte, même qu'il n'est pas content quand papa oublie et la ferme pour rester seul avec maman ! ».

Jéremy joue au grand, protège sa petite sœur qui a seulement quelques semaines et qui est encore au sein : « Il ne faut pas que tu manges toute ma maman, après tu seras malade et tu vas vomir partout sur mes affaires. » Il aurait pu ajouter : « Et alors je ne serai plus content que tu sois là ! » Jéremy aime les avions qui passent dans le ciel. Chaque fois qu'il en voit un, il dit : « Un ''navion'', c'est un bateau pour les oiseaux qui ne savent pas voler. »

Je ne sais comment Jéremy traversera le reste de son enfance, mais je sais qu'il affrontera la vie, porté par les soins et l'affection de ses parents, l'amour de sa mamie et la complicité qu'il partage avec elle, ainsi que par une solide confiance en lui. J'aime beaucoup sa façon grave de regarder les adultes et d'attendre d'eux présence, cohérence, bienveillance et fermeté.

« La façon la plus simple de prédire le futur, c'est encore de l'inventer. »

UN INGÉNIEUR ANONYME DE HEWLETT PACKARD

Quand on jouait au docteur…

Avant d'oser « jouer au docteur » (autour de mes sept ans), j'étais fasciné par le mystère que représentaient les filles. N'ayant ni sœur ni cousine, je pressentais, plus ou moins confusément, qu'il devait y avoir des différences. Celles-ci m'intriguaient, et même, m'effrayaient un peu…

Quand je tentais de jouer avec les petites filles du voisinage, j'entendais les adultes : « Fais attention, ne sois pas si brutal, c'est une fille ! » ; « Tu sais, c'est plus fragile qu'un garçon » ; « Les filles, ce n'est pas pareil, elles sont quand même plus obéissantes que les garçons » ; « Les filles, ça pleure tout le temps, ça ne sait pas jouer au foot ! » ; « Les filles, ça ne sait pas se défendre », sans compter d'autres commentaires plus ou moins obscurs.

Et puis un jour, la petite voisine du deuxième (nous habitions une maison de trois étages) m'a demandé si je voulais bien jouer avec elle : « Jouer d'accord, mais à quoi ? Tu ne sais jouer à rien », ai-je répondu très sûr de moi. Elle ne s'est pas découragée : « À la dînette, au papa et à la maman. On fera comme si toi tu étais la maman et moi le papa ! » L'arrangement me convenait, je n'avais jamais été maman de ma vie ! Bientôt, nous avions toute une installation dans le jardin, avec un toit de toile tendu entre deux branches – plus qu'un simple abri, toute une maison, rien qu'à nous ! Au sol, de petits cailloux de couleurs, enfoncés dans la terre comme une mosaïque, délimitaient les pièces principales : cuisine, salon, chambre des parents, chambre des enfants ; nous disposions même de toilettes. Il y avait tout un rituel pour entrer dans la maison : nous devions nous essuyer les pieds, puis marcher à pas glissés sur des sortes de patins « pour ne pas salir ».

Ma camarade de jeu s'appelait Mimi, et c'était elle qui initiait les jeux. Un jeudi, jour de congé béni entre tous, elle proposa de jouer au docteur. Mais cette fois-là, ce fut moi qui pris l'initiative : « Je suis d'accord, mais je serai le docteur et toi la malade. » Elle accepta aussitôt et, entrant dans le jeu, vint vers moi en se tenant la tête : « Docteur, je ne sais pas ce que j'ai, mais j'ai très mal...

— Bien, madame, installez-vous ici, allongez-vous, je vais vous "osculter". » Je croyais à l'époque qu'ausculter voulait dire toucher les « os » et les examiner attentivement et gravement. Je poursuivis : « N'ayez pas peur, je vais "osculter" vos os pour vérifier s'ils sont tous là, s'ils sont bien chacun à leur place... » Je commençai mon examen par la tête, puis je continuai par les bras, le torse, les jambes : « Tout va bien apparemment.

— Oh ! non docteur, touchez mon ventre, c'est pas les os qui sont malades : là regardez, j'ai souvent mal, ici ! dit-elle en posant ma main sur son nombril. Regardez, docteur, il y a comme un trou, ce doit être grave, soignez-moi pour que je ne souffre plus, docteur...

D'ailleurs, ma meilleure amie m'a dit que vous étiez un très bon docteur. » Ainsi je découvris que le corps d'une fille a plus de trous que celui des garçons. Le jeu du docteur et de la malade se poursuivit ainsi durant tout un printemps. Une fois que ma mère passait tout près dans le jardin, elle nous a demandé : « Qu'est-ce que vous faites, les enfants… ?

— On joue au docteur ! » Et elle, brave femme, répondit : « C'est bien, continuez. Et quand vous aurez fini, venez goûter. »

Ce n'est que plus tard que je compris l'importance de ces jeux d'exploration et de découvertes sexuées. Je ne dis pas sexuelles, car ces jeux ne comportaient aucune ambiguïté, encore moins de grivoiserie chez les enfants que nous étions, mais un incroyable émoi des sens. Nous jouions très sérieusement, animés par une sorte de gravité, de respect, d'émerveillement. C'est grâce à ces jeux que j'ai dépassé la peur d'être repoussé.

Peur qui semble souvent être présente chez les hommes, car ils ne savent pas jusqu'où peut aller l'acceptation de l'autre, sa collaboration, son ouverture à leurs attentes !

Je me demande si les enfants d'aujourd'hui jouent encore au docteur…

**Les êtres qui se sentent aimés
ont une place, ils gardent leurs racines
dans la mouvance des rencontres.**

« C'est vrai qu'elle est morte, mamie ? »

À un enfant qui demande étonné, curieux ou inquiet : « C'est vrai qu'elle est morte, mamie ? » ; « C'est vrai qu'elle va habiter au cimetière ? », les parents tentent généralement de répondre en essayant d'expliquer, de rassurer. Il leur arrive cependant de nier ce qu'ils supposent être un doute ou une angoisse chez leur enfant. C'est souvent parce qu'ils essaient de cacher leur propre peine d'avoir perdu une mère ou un père.

« Mais quand est-ce qu'elle va revenir ? » ; « Qu'est-ce qu'elle va devenir ? » ; « Comment elle va dormir, elle qui se réveille toutes les heures ? » peut encore demander l'enfant.

Il arrive que les adultes tentent de retarder la nouvelle, voire de la cacher. Ils ont du mal à dire à un enfant qu'un proche est mort. Ils utiliseront des euphémismes, dériveront sur d'autres sujets, construiront une histoire à partir de leurs croyances : « Nous avons perdu grand-mère, mais là où elle est, tu sais, elle n'a besoin de rien, elle est moins malheureuse que lorsqu'elle était vivante ! » Malgré ces réassurances, l'enfant peut croire que, puisque mamie est perdue, il pourrait, lui, essayer de la retrouver. Il tentera donc de la chercher et marchera parfois les yeux au ciel, essayant d'entrevoir le visage, le sourire ou les yeux de sa grand-mère dans le dessin des nuages !

Nous, les adultes, savons mal comment nous situer face à la mort. Nous n'osons pas dire simplement que nous ignorons ce qu'elle est ! La seule chose que nous savons, c'est que nous ne pourrons plus voir, recevoir, toucher la personne décédée. Nous pouvons tout de même penser à elle, l'imaginer, dialoguer avec elle dans notre tête. Et nous découvrirons certainement qu'il nous est possible de parler de notre chagrin, de notre peine, de notre vécu avec celui ou celle qui n'est plus là !

Nous pourrions aussi inviter l'enfant à dire adieu pour toujours à la personne décédée, car nous savons qu'il ne la reverra pas. Seul son souvenir restera. Un enfant a le droit d'avoir de la peine, d'être triste, et même d'éprouver de la colère devant la mort d'un être significatif pour lui. Ce n'est pas l'aider que de tenter de minimiser son chagrin ou de faire taire sa colère. Nous devons plutôt l'accompagner dans ses sentiments, lui permettre de les verbaliser ainsi que de dire ses croyances.

Les enfants ont souvent besoin d'un petit rituel pour accompagner le deuil : par exemple, mettre dans une boîte un objet qui représente tout l'amour qu'ils auraient donné à la personne si elle avait vécu ; ou écrire une lettre pour dire en quoi papy, ou mamie, était important pour eux. Nous pouvons commencer très tôt à leur apprendre que la vie humaine a un début, une croissance, un développement, une fin et que nul ne sait à l'avance quand se terminera un cycle de vie.

Le contraire de la mort n'est pas la vie,
c'est la naissance. Chaque perte d'un être cher
peut ainsi ouvrir à une nouvelle naissance.

Les vacances : un temps à partager avec nos enfants...

Comme le soleil est au plus haut, que les cigales se sont assoupies, que l'ombre de la tonnelle est propice à un moment de rêverie, je me laisse aller. La maison est provisoirement paisible, en ce plein du mois d'août, du fait que tous les petits-enfants sont partis *squatter* la piscine du voisin, emportés par un seul commentaire de mon dernier petit-fils : « Elle est super cette piscine ! Tu te rends compte, grand-père, je peux mettre la tête sous l'eau et ouvrir les yeux. Avec les autres piscines ça ne marchait pas ! » Quant à moi, je poursuis mes rêveries vacancières !

Je reviens sur ces temps de vacances, je reste dessus, je ne les lâche plus. Les vacances, c'est aussi, et surtout, le temps de la liberté et des jeux : jouir de ne rien faire, jouer à se faire plaisir, jouer pour le plaisir. Si nous avons des enfants, ils nous sollicitent sans cesse : « Papa (maman), viens dans l'eau avec moi ! » ; « Regarde, regarde, je mets la tête sous l'eau... ». Ils grimpent aux arbres, plongent de cinq mètres (toujours chez le voisin, qui a une piscine aux normes olympiques), ils sautent, gambadent, courent à perdre haleine, ils tombent, roulent, disparaissent en criant qu'ils ont découvert un nouveau chemin pour aller aux mûres, que plus loin dans le petit bois, « il y a une cabane qui sera à nous et on la défendra contre ceux qui voudront la prendre »…

Mon point de vue est que lorsque l'on a la chance d'avoir plusieurs enfants (ou la charge), il est vital de choisir un lieu de vacances auprès de l'eau, et surtout, offrant la possibilité d'avoir une activité suivie. Durant l'enfance de mes propres enfants, à l'époque où j'étais un passionné de canoë-kayak, descendre l'Ardèche, l'Hérault, l'Aude, le Tarn, l'Arve occupa beaucoup de nos étés. Ces rivières qui roulent, qui rient, qui saoulent par leur exubérance, irriguèrent une foultitude de souvenirs pendant des années.

Les vacances sont aussi l'occasion de découvrir que nos enfants nous dépassent rapidement, vont plus vite que nous, nous laissent à l'arrière, inventent des possibles qui nous étonnent, prennent des risques, affrontent des difficultés qui nous rendent à la fois fiers et inquiets, songeurs aussi quant à nos propres ressources.

Mes enfants, chaque fois que j'ai pu m'approcher plus d'eux, être davantage présent, m'ont entraîné dans des aventures folles. Leur appétence de vie fut un tonique pour ma vie de père, de mari, d'homme…

On ne peut pas toujours
avoir ce que l'on veut,
mais on peut parfois
trouver ce dont on a besoin !

Conclusion provisoire

Si je devais conclure, disait le vieil homme à qui il ne restait que quelques heures à vivre, je dirais que je suis prêt à recommencer ma vie en n'oubliant pas toutes les erreurs que j'ai pu faire, tout en souhaitant en conserver quelques-unes…

Osons la tendresse !

En matière de relations humaines, la prise de conscience est souvent nécessaire mais elle n'est pas suffisante : ce matin j'ai pris conscience que mon pneu arrière gauche était à plat. Cela ne l'a pas pour autant regonflé...

L'ouverture à l'autre, l'intentionnalité et la disponibilité sont toutes aussi indispensables, mais chacune de ces attitudes doit s'appuyer sur des moyens, des actions, une prise de position claire. Le faire doit intervenir, mais c'est surtout l'être qui est en jeu avec non seulement ses ressources, ses énergies, son enthousiasme, mais aussi avec ses conditionnements, ses autoprivations, ses ressentiments... La tendresse se fraye un chemin entre ce que nous donnons et ce que nous recevons, ce que nous proposons et ce que nous acceptons quand nous découvrons que derrière toute peur existe un immense désir de vivre, que sous le couvert d'apparences rigides, l'abandon et la confiance en l'autre sont possibles.

Je voudrais vous présenter quelques-uns des ancrages dans lesquels s'enracinent mes tendresses multiples et balbutiantes, souvent maladroites et excessives, toujours éblouies tant elles réveillent en moi la capacité de m'étonner, d'aller au-delà de toutes mes anticipations positives ou négatives, pour atteindre le meilleur de l'autre.

J'avais huit ans, je jouais au gendarme et au voleur. Noémie, ma camarade de jeu, faisait le gendarme, j'étais le voleur et elle me gardait prisonnier… J'ai découvert la tendresse ce jour-là. Elle était agenouillée auprès de moi, sa joue toute proche et une mèche de ses cheveux blonds voletant contre ma jambe : elle nouait avec une grande application, et une gravité si silencieuse que j'entendais mon cœur battre, son mouchoir autour de mon genou gauche écorché. J'ai refusé de laver mon genou durant quatre mois, suscitant l'incompréhension la plus complète chez mes parents !

J'avais 14 ans, j'étais au sanatorium. Je vivais couché depuis quatre ans déjà, dans un plâtre qui me couvrait des chevilles jusqu'au cou. Je communiquais alors avec des billets doux que je lançais du quatrième balcon où nous étions, nous les garçons, vers l'étage du bas où se trouvaient les filles. Elle s'appelait Annie. Un jour j'ai reçu d'elle ce billet : « Je ne t'ai vu qu'une seule fois (un jour où ton brancard a croisé le mien). Je pense souvent à toi, j'ai tant de plaisir à te savoir si proche, laisse-moi *te rêver* encore… Ne m'envoie pas de photo comme le font les garçons de ton étage à mes copines, laisse-moi t'imaginer de l'intérieur avec le peu que j'ai de toi. »

J'avais vingt-trois ans lors de la naissance de ma première fille. J'ai alors découvert la fragilité et l'incroyable vitalité d'un bébé : une boule de vie d'une densité si grande qu'elle ébranlait toutes mes croyances et me donnait envie de donner et de donner encore, d'offrir le meilleur de moi-même, d'accéder à la perfection.

J'avais trente-cinq ans, j'étais déjà le père de cinq enfants et je vivais en silence la peine inouïe de n'avoir pu porter aucun de ces enfants dans mon ventre. C'était un dimanche matin et je pleurais à gros sanglots, désespéré par l'injustice de n'être qu'un père ! La mère de mes enfants m'a dit : « Ferme les yeux, laisse-moi faire… » J'ai senti un bruissement sur ma peau, un chuchotement du côté du cœur et quand j'ai ouvert les yeux, j'ai vu un bébé tout rond sur mon ventre d'homme. Avec un crayon feutre bleu, elle avait dessiné un merveilleux bébé. Cette fois-là, je ne me suis pas lavé le ventre durant… six mois !

Jusqu'à l'âge de cinquante-deux ans j'ai cru que ma mère était immortelle et donc que je l'étais aussi. L'une de mes illusions les plus tenaces à l'époque était que je ne pouvais mourir avant ma mère : cela aurait été une telle trahison, une violence si inouïe pour cette femme qui m'adorait, que je ne pouvais l'imaginer. J'ai donc vécu en me croyant également immortel, entretenant cette conviction dans la plénitude, l'abondance, la générosité infinie de la vie.

Et puis cette année-là, en septembre, comme je revenais de vacances et passais la voir, j'ai vu que son corps était plus petit, plus menu, que son regard se perdait plus souvent, que ses gestes étaient moins précis, qu'elle était plus fatigable, plus fragile, plus vulnérable, elle qui n'avait pas arrêté de travailler un seul jour de sa vie… J'ai découvert cette injustice absolue : elle pouvait mourir, disparaître, ne plus être là… Elle était devenue mortelle !

J'avais déjà cinquante-sept ans quand, un matin, mon frère m'appela au téléphone, pour me dire que notre mère, ma mère, était dans le coma, et que les médecins pensaient que c'était la fin… Quand je suis arrivé à l'hôpital, au travers de la vitre du service de réanimation, j'ai vu ma mère toute recroquevillée dans un lit blanc, des tubes partout. Son drap avait glissé le long de son corps, elle était nue. Et quand je me suis approché, silencieux, ému, bouleversé, j'ai vu, non la vieille dame de soixante-quatorze ans qu'elle était, mais un tout petit bébé sans défense. Un bébé si démuni que j'ai eu envie de le prendre dans mes bras, comme on prend un nourrisson, en mettant une main sous les fesses et l'autre sous la tête... Je ne l'ai pas réellement fait, mais je l'ai fait mentalement. Quelques secondes plus tard, ma mère ouvrait un œil, me regardait et disait : « C'est toi Jacky ? » Il y avait si longtemps qu'elle ne m'appelait plus Jacky !

Je devais partir au Québec pour un cycle de conférences, mais j'ai pu lui dire qu'elle avait le droit de mourir, qu'elle pouvait passer de l'autre côté. Pour elle, dans sa foi, mourir c'était aller au paradis : saint Pierre l'accueillerait et lui ferait une place parmi tous les bons de la terre unis auprès de lui depuis l'origine des temps...

Après sa mort, en quelques jours, je suis devenu mortel. Je n'étais plus dans l'abondance et la générosité de la vie, j'étais dans l'errance. Quelques années plus tard, j'ai découvert l'intensité que peut revêtir l'existence : chaque instant, chaque minute, chaque jour est un miracle, un cadeau, une offrande riche d'un bonheur si éphémère qu'il ne faut rien en gaspiller sous peine de porter atteinte au principe vital...

Je crois aujourd'hui que nous recevons en dépôt, comme un cadeau, une parcelle de vie et d'amour au moment de notre conception. Que notre mission, le sens de notre passage sur terre consiste à permettre à cette graine de vie, ce germe d'amour qui a été déposé en nous, de s'épanouir, de façon à laisser à l'univers plus de vie et d'amour que nous en avons reçu. La tendresse à l'égard de la Terre-mère, Gaïa, ainsi qu'à l'égard de l'univers, participe de cette démarche : laisser, après notre passage, plus de vie, de tendresse et d'amour pour ceux qui nous suivront...

J'en suis là pour l'instant...

Au-delà de ce qui est ressenti au présent,
la tendresse est un germe de vie destiné
à prolonger l'infinitude de l'instant.

Table des matières

Retrouvez Jacques Salomé
aux Éditions J'ai lu

Vivre avec soi

Apprendre à mieux nous connaître et à nous respecter.

Vivre avec soi n'est pas toujours simple, loin s'en faut ! Et pourtant, il s'agit d'une aventure stimulante à travers laquelle Jacques Salomé nous guide à la rencontre de nous-mêmes. Sommes-nous à l'écoute de notre inconscient ? Quelle importance attachons-nous à nos croyances ? Nous comportons-nous en citoyens responsables ? Que souhaiterions-nous dire à nos proches au seuil de la mort... ?

N°8752

6 €

Bienêtre

8851

Composition : Nord Compo
Achevé d'imprimer en Espagne
par Litografia Roses
le 2 février 2010.
Dépôt légal février 2010. EAN 9782290010433

Éditions J'ai lu
87, quai Panhard-et-Levassor, 75013 Paris
Diffusion France et étranger : Flammarion